Flor Peeters (1903–1986)

Leben und Werk

3 Einleitung
in die Welt

19 [illegible]

30 [illegible]

55 [illegible]

85 [illegible]

88 [illegible]

Clemens Morgenthaler

Flor Peeters (1903–1986)
Leben und Werk

Für Elli

Bibliografische Information der Deutschen Nationalbibliothek

Die Deutsche Nationalbibliothek verzeichnet diese Publikation in der Deutschen Nationalbibliografie; detaillierte bibliografische Daten sind im Internet unter http://dnb.d-nb.de abrufbar.

978-3-95983-614-2 (Hardcover)

978-3-95983-615-9 (Paperback)

978-3-95983-616-6 (e-Book)

www.schott-buch.com

Inhalt

Vorwort

Liebe Leserinnen, liebe Leser!

Dieses Buch ist dem Leben und Werk von Flor Peeters (1903–1986) gewidmet. Dass dies, mehr als 30 Jahre nach seinem Tod, in dieser Form im deutschen Sprachraum erstmals unternommen wird, mag einigermaßen erstaunlich erscheinen, galt Flor Peeters doch zu Lebzeiten als weltweit geachtete Autorität im Bereich der Kirchenmusik und der Orgelmusik im Besonderen. Über die möglichen Ursachen und Hintergründe für diesen Tatbestand wird an anderer Stelle im Kapitel »Würdigung« noch zu sprechen sein. Doch was bringt einen Sänger und Gesangspädagogen dazu, sich mit dem Leben und Wirken des belgischen Organisten, Komponisten und Pädagogen auseinanderzusetzen, gar ein Buch zu schreiben? Schon an dieser Stelle sei der Begriff »Liebe« ins Spiel gebracht. Ja, der Verfasser bekennt freimütig, sich in die Musik dieses Komponisten verliebt zu haben. Dieser Umstand mag auf den ersten Blick einen objektiven oder gar wissenschaftlichen Zugang zum Lebenswerk eines Menschen als geradezu unmöglich erscheinen lassen. Gleichwohl bedarf es in diesem konkreten Falle wohl zunächst einer besonderen Motivation und eines besonderen Vorschusses an Sympathie, ohne die eine Annäherung erst gar nicht stattfinden würde.

Meine erste Begegnung mit der Orgelmusik von Flor Peeters hatte ich Anfang der 1990er Jahre bei einem Orgelkonzert im Würzburger Dom. Paul Damjakob, der legendäre und langjährige Domorganist der dortigen Kathedrale, spielte in einem Konzert als Finalstück »Toccata, fugue et hymne sur ›Ave Maris Stella‹« op. 28. Dieses wohl meistgespielte Werk von Peeters berührte mich zutiefst und war gleichsam die Eintrittskarte in die Welt dieses Komponisten. Diese »Liebe auf den ersten Blick« vertiefte und verstetigte sich anlässlich eines Konzertes von Leopold Sluys an der Hausorgel des bedeutenden Organisten und Würzburger Orgelprofessors Günther Kaunzinger. Sluys, ein ehemaliger Schüler von Peeters, spielte neben »Toccata, fugue et hymne sur ›Ave Maris Stella‹« op. 28 noch das wunderbar berückende Choralvorspiel »O Gott, du frommer Gott« aus op. 68. Nun war es endgültig um mich geschehen. Die Tatsache, dass Flor Peeters Belgier war, verstärkte noch meine Zuneigung, war doch in meiner damaligen aktiven Zeit als Fußball-Torwart der

Belgier Jean-Marie Pfaff mein absolutes Idol und Vorbild. Das Land Belgien mit seinen Fußballstars und sonstigen Bewohnern musste demnach als besonders attraktiv erscheinen und hatte somit für mich bereits einen guten Klang. Dass ich damit quasi automatisch auch Anhänger von Pfaffs deutschem Fußballverein, des FC Bayern München, sein musste, möge mir von Unterstützern anderer Fußballvereine an dieser Stelle gnädigst verziehen werden. Dieser Umstand aus meiner Jugend soll der freundlichen Aufnahme dieses Buches nicht entgegenstehen.

Mein Weg führte mich dann einige Jahre später von meiner tauberfränkischen Heimat zum Kirchenmusik-Studium nach Freiburg im Breisgau. Hier spielte die Musik von Peeters eigentlich keine nennenswerte Rolle. Immerhin erarbeitete ich im Studium einige seiner Werke (»Concert Piece« op. 52a, »Suite modale« op. 43, »Toccata, fugue et hymne sur ›Ave Maris Stella‹« op. 28), was zur damaligen Zeit in der Kirchenmusik- und Orgelausbildung in deutschen Landen sicher als eher exotisch gelten durfte. An dieser Stelle möchte ich meinem verehrten Orgelprofessor Klemens Schnorr für die Toleranz und das mir entgegengebrachte Verständnis in dieser Sache danken. Als sich nach dem Kirchenmusik-Studium dann die Welt des Gesanges meiner bemächtigte, war mit Orgelmusik und exotischen Repertoireausflügen in entlegene Orgellandschaften erst einmal Schluss. Mit meiner ersten Liebe, der Orgel, stand ich zwar nach wie vor in einem guten Verhältnis, aber nun galt mein Interesse der Erkundung einer für mich gänzlich neuen musikalischen Welt. Fortan sollte die Gesangskunst im Zentrum meiner musikalischen Bemühungen stehen, was sie bis auf den heutigen Tag auch tut. Weil aber bekanntlich alte Liebe nicht rostet, fühlte und fühle ich mich neben der Beschäftigung mit der unerschöpflichen Literatur aus Oper, Lied und Oratorium nach wie vor der Welt der »Musica sacra« in besonderer Weise verbunden.

Mein Verhältnis zur Musik von Flor Peeters bekam einen neuen Auftrieb, als meine Gesangsklasse an der Musikuniversität Feldkirch die Möglichkeit erhielt, im Rahmen des Bodenseefestivals 2019 ein geistliches Konzert in der schönen neugotischen Herz-Jesu-Kirche in Bregenz zu gestalten. Das Festival widmete sich der Musik der drei Beneluxstaaten. Was lag also näher, als das angedachte Konzert dem bedeutenden und wirkmächtigsten belgischen Komponisten des 20. Jahrhunderts, Flor Peeters, zu widmen? Zusammen mit dem

Organisten Helmut Binder musizierten wir geistliche Vokalmusik in Solo- und Ensemble-Besetzung. Die Reaktion des Publikums auf die ihm unbekannte Musik war durchwegs positiv und teils begeistert. Gleiches erlebten wir bei den Wiederholungskonzerten in Feldkirch, Freiburg und Singen.

Als ich im Frühjahr 2019 einen Gesangskurs an der Musikhochschule in Löwen (Belgien) abhielt, hatte ich auch die Gelegenheit in der dortigen Bibliothek Nachforschungen zum Leben und Werk Flor Peeters' anzustellen. Dass mein Ansinnen und Interesse am wohl bedeutendsten belgischen Musiker und Komponisten des 20. Jahrhunderts auf eine gewisse Überraschung stieß, ließ mich doch sehr erstaunen. Sic transit gloria mundi! Jedenfalls wich die leichte Irritation über mein Begehren einer freudig-konstruktiven Unterstützung und Mithilfe in der Beschaffung der gewünschten Informationen, Bücher und Partituren.

In der konzertlosen Zeit der Corona-Krise im Frühjahr 2020 fand der Verfasser dieser Zeilen nun die Möglichkeit, die Ergebnisse seiner Nachforschungen zu Leben und Werk von Flor Peeters einem geneigten Leserkreis in Form eines Buches darzubieten. Wie schon erwähnt, geschieht dies nicht in einer kritisch-distanzierten Haltung, sondern aus einer hoffentlich spürbaren Begeisterung für die Musik des großen Flamen. Gibt es in der subjektiven Betrachtung künstlerischer und musikalischer Angelegenheiten überhaupt die Kategorie der Objektivität jenseits der Beurteilung festgelegter Parameter? Möglicherweise. Wenn diese Schrift den Anstoß zu einer weiteren, gerne auch kritischeren Beschäftigung mit dem Werk Flor Peeters' geben sollte, hätte sie bereits einen Zweck erfüllt. Gleichwohl harrt ein Großteil seines Oeuvres jenseits der bekannten Orgelwerke, wie das geistliche Vokalwerk, die Lieder sowie die Klavier- und Kammermusik einer Wieder- bzw. Neuentdeckung. Auch hierzu hoffe ich mit diesem Buch einen bescheidenen Beitrag leisten zu können. Es ist gewissermaßen seine vornehmste Aufgabe. Nun wünsche ich den Leserinnen und Lesern ein freudiges Eintauchen in die Welt von Flor Peeters.

Kindheit und Jugend

Franciscus Florentius Peeters wurde am 4. Juli 1903 in Tielen, einem kleinen flämischen Dorf östlich von Antwerpen (Region Kempen), als jüngstes Kind einer elfköpfigen Familie geboren. Er wuchs in bescheidenen Verhältnissen auf. Sein Vater, Ludovicus Peeters (1839–1910) war Postmeister und versah in der Heimatpfarrei den Organisten- und Küsterdienst. Er war seit 1887 in dritter Ehe mit Maria Elisabeth Deckers (1864–1935) verheiratet. Seine ersten beiden Frauen waren früh verstorben. Aus diesen Ehen gingen insgesamt vier Kinder hervor.[1] Flor Peeters hatte somit zu seinen acht leiblichen Geschwistern noch vier Halbgeschwister, die zum Zeitpunkt seiner Geburt allerdings nicht mehr im Haushalt lebten. Sein leiblicher Bruder Petrus Emilius (1889–1978), genannt »Emiel«, wurde wie der Vater Postmeister und Küster-Organist in Tielen und setzte damit die Familientradition fort, während eine seiner Schwestern (Rosalia Mathilde Magdalena) ins Kloster ging. Der Vater starb 1910, als Flor gerade einmal sieben Jahre alt war. Nach dem frühen Tod des Vaters erzog die Mutter die neun Kinder allein. Trotz der materiell eher einfachen Lebensumstände spielte die Musik, und hier insbesondere die Kirchenmusik, in der Familie eine bedeutende Rolle. So spielten alle Familienmitglieder ein Instrument (Violine, Blasinstrumente, Klavier, Harmonium). Auch das gemeinsame Singen wurde gerne und ausgiebig gepflegt. Bereits 1911, mit acht Jahren, spielte Flor unter der Aufsicht seines Bruders Emiel zum ersten Mal im Gottesdienst die Orgel der Pfarrkirche seines Heimatdorfes Tielen, das zu dieser Zeit ungefähr 1100 Einwohner zählte. Fortan vertrat er öfters seinen Bruder Emiel, der auch als erster sein Talent entdeckt hatte, beim gottesdienstlichen Orgelspiel. Auch der Mutter war schon früh die außergewöhnliche musikalische Begabung ihres jüngsten Kindes nicht verborgen geblieben und sie unterstützte diese mit allen ihr zur Verfügung stehenden Mitteln. So hatte der junge Flor Peeters schon in dieser Zeit die Möglichkeit, neben dem Klavier- und Orgelspiel, auch das Violinspiel zu erlernen. Von der engen Bindung an seine Mutter, geprägt von großer Dankbarkeit, zeugt auch die Widmung der »Elegie« op. 38 für Orgel, die er 1935

[1] Vgl. Guido Peeters, Raymond Schroyens, Allegro energico, Antwerpen 1991, S. 17.

am Abend ihres Todes komponierte und die den Schmerz über ihren Verlust eindrücklich zum Klingen bringt. Die gläubige Hoffnung auf ein Wiedersehen im Jenseits wird durch ein Choral-Zitat aus dem gregorianischen Requiem »In Paradisum« (»Zum Paradies mögen Engel dich geleiten«) ausgedrückt. Hier berühren sich zwei wesentliche Ebenen, die für das weitere Leben von Flor Peeters bestimmend sein sollten, nämlich der christliche Glaube und die Musik. Die Synthese aus beiden Bereichen stellt die Kirchenmusik dar, die fortan sein Leben wesentlich und dauerhaft prägen sollte.

Schon früh zeigte der junge Flor Peeters eine große Aufgeschlossenheit allen musikalischen Dingen und Erscheinungsformen gegenüber. So besuchte er beispielsweise oft die Proben der heimatlichen Blaskapelle und machte sich damit schon früh mit den charakteristischen Möglichkeiten und Stärken der jeweiligen Blasinstrumente vertraut. Daher rührt wohl auch sein besonderes und lebenslanges Interesse an Blechblasinstrumenten wie Trompete und Posaune, welche er in späteren Werken gerne und wirkungsvoll einsetzen sollte (»Entrata festiva« op. 93, »Sonate für Trompete und Klavier« op. 51, »Suite für vier Posaunen« op. 82, »Choral-Fantasie über ›Christ the Lord has risen‹« op. 101 für zwei Trompeten, zwei Posaunen und Orgel, »Canticum Gaudii« op. 118 für zwei Trompeten, zwei Posaunen und Orgel).

Ab dem zwölften Lebensjahr besuchte er das Gymnasium in Herentals, wo er beim Organisten des Kollegs neben Klavier- und Orgelunterricht auch Solfège-Unterricht erhielt. Auch hier vertrat er oft seinen Orgellehrer bei den verschiedensten Gottesdiensten und lernte so auf ganz selbstverständliche Weise die Liturgie der katholischen Kirche und ihre Erscheinungsformen kennen. Zudem hinterließ die Orgel der Hauptkirche St. Walburgis (40 Register, drei Manuale und Pedal) bei ihm einen nachhaltigen Eindruck.

Ab 1915 setzte er seine schulische Laufbahn am Institut Saint-Victor in Turnhout, wie Herentals eine Kleinstadt, fort. Hier blieb er bis zum Ende des Ersten Weltkriegs. Sein Lehrer in Orgel und Harmonielehre war mit Jozef Brandt ein Absolvent des renommierten Lemmens-Instituts für Kirchenmusik in Mechelen, der auch schon seinen Bruder Emiel unterrichtet hatte. Der junge Flor hatte zweimal in der Woche Unterricht in Klavier, Orgel, Harmonielehre und Begleitung des Gregorianischen Chorals. Zudem war er als Violinist Mitglied des Schulorchesters und spielte im Blasorchester verschiedene Instrumente. Im Chor sang der Knabe Flor Peeters als Sopranist mit. Nach dem Stimmbruch verfügte der groß gewachsene Jüngling mit dem lebendigen Gesichtsausdruck über eine wohlklingende tiefe Baritonstimme.[2] Auch hier weiß sich der Verfasser dieser Zeilen als Bassbariton-Sänger mit dem Protagonisten dieses Buches in gleicher Stimmfach-Zugehörigkeit und sängerischer Eintracht verbunden. Der Unterricht bei Jef Brandt in Turnhout war eine hervorragende Vorbereitung auf das Studium am Lemmens-Institut, welches Peeters dann in vier statt in der Regelstudienzeit von acht Jahren absolvieren konnte. In Turnhout entstanden die ersten Kompositionen (Lieder, Motetten, Märsche für die Blaskapelle). Er hatte auch einige konzertante Auftritte als Pianist.[3]

Schon in dieser frühen Zeit seiner Jugend zeigte sich, dass der Dreiklang Glaube, Musik und eine tiefe Liebe und Verbundenheit zur reichen Kultur und Geschichte seiner flämischen Heimat stets die innere harmonische Grundlage bilden sollte, auf der sich dann später seine Entwicklung hin zu einem musikalischen Weltbürger ganz organisch vollziehen konnte. Diese sich dann bald frei entwickelnde »Lebensmelodie« hatte in der Geborgenheit seiner Heimat Flandern ihren festen Grund und Boden, was er in späteren Werken (»Variationen und Finale über ein altflämisches Lied« op. 20, »Vlaamsche Rhapsodie« op. 37) klingend zum Ausdruck bringen sollte. Seine spätere musikalische Universalität und Vielseitigkeit wurde schon in diesen frühen Jahren seines Lebens geprägt und gefördert.

---

2 Vgl. Peeters, Schroyens, Allegro energico, S. 23.

3 Vgl. John Hofmann, Flor Peeters – his life and his organ works, New York 1978, S. 10.

Studium

Im Jahr 1919 begann für Flor Peeters das Studium am Lemmens-Institut in Mechelen, nachdem er von seinem älteren Bruder Emiel dort angemeldet worden war. Diese Ausbildungsstätte war im Jahr 1879 als Konservatorium für Organisten gegründet worden und hatte sich seither rasch einen bedeutenden Ruf in der Welt der »Musica sacra« erworben. Der Namensgeber Jacques-Nicolas Lemmens (1823–1881), Absolvent des Brüsseler Konservatoriums und in Breslau Schüler von Adolph Hesse, war einer der renommiertesten Bach-Interpreten und Orgelpädagogen seiner Zeit. Seine »École d'orgue« wurde stilbildend für viele weitere Orgelschulen. Zu seinen Schülern zählen u. a. Alexandre Guilmant, Charles-Marie Widor und Oscar Depuydt, der nun der Orgellehrer von Flor Peeters werden sollte. Oscar Depuydt (1853–1925) galt als herausragender liturgischer Orgelimprovisator und war ein geschätzter Orgellehrer. So waren beispielsweise Jules van Nuffel, Jules Vyverman, Staf Nees und Arthur Meulemanns seine Schüler. Die genannten Musiker hatten im Belgien des 20. Jahrhunderts bedeutende Stellen inne und wirkten auch als Komponisten vorwiegend geistlicher Chormusik prägend auf das kirchenmusikalische Leben ihrer Zeit.

Flor Peeters war im Lemmens-Institut der mit Abstand jüngste Student. Die meisten seiner Kommilitonen waren als Soldaten im Ersten Weltkrieg eingesetzt gewesen und somit durchwegs älter als er. Seine Lehrer am Institut waren neben Depuydt (Orgel und liturgische Orgelimprovisation) van Nuffel (Gregorianischer Choral) und Lodewijk Mortelmanns (Kontrapunkt und Fuge). Peeters war ein eifriger und herausragender Student. So konnte er das eigentlich auf acht Jahre ausgelegte Studium bereits nach vier Jahren erfolgreich beenden. Dem Abschlussdiplom im Jahre 1921 folgte 1922 der Exzellenzpreis. Alle Prüfungen schloss er mit Bestnote und Auszeichnung ab. Im Jahr 1923 wurde der erst 20-Jährige mit dem »Prix Lemmens-Tinel« ausgezeichnet. Er war damit der jüngste Empfänger dieses prestigeträchtigen und höchsten Preises des Lemmens-Instituts.[4]

[4] Vgl. Hofmann, Flor Peeters, S. 12.

Flor Peeters

Oskar Depuydt

Domorganist

Im Jahr 1923 wurde Flor Peeters zur Unterstützung seines Lehrers Oscar Depuydt zum zweiten Organisten an der Kathedrale von Mechelen und zum Assistenten am Lemmens-Institut ernannt. Depuydt war 40 Jahre lang Organist der St.-Rombout-Kathedrale gewesen und galt weithin als herausragender Improvisator. Nach dem Tod von Depuydt im Jahr 1925 wurde Flor Peeters durch den Erzbischof von Mechelen Desiré-Joseph Kardinal Mercier zum Hauptorganisten an der Kathedrale ernannt und zum Professor für Orgel und Liturgisches Orgelspiel am Lemmens-Institut in Mechelen bestellt.

Mechelen, zwischen Antwerpen und Brüssel gelegen, ist Sitz des Primas von Belgien. Der Bischofssitz der Erzdiözese Mechelen-Brüssel ist traditionell auch mit der Kardinalswürde für den Amtsinhaber verbunden. Erzbischöfe wie Kardinal Léon-Joseph Suenens (1904–1996) und Kardinal Godfried Danneels (1933–2019) spielten in ihrer Amtszeit und auch teilweise darüber hinaus eine zumindest kirchenpolitisch nicht ganz unwichtige Rolle. Das Erzbistum Mechelen wurde 1559 gegründet und 1961 in Erzbistum »Mechelen-Brüssel« umbenannt, was der Bedeutung der innerhalb der Bistumsgrenzen gelegenen Hauptstadt Brüssel Rechnung trägt. Die um 1200 begonnene und um das Jahr 1500 in ihrer heutigen Gestalt vollendete Kathedrale zählt zu den Hauptwerken der brabantischen und europäischen Gotik. Sie ist nach dem Heiligen Romuald (Sint Rombout), dem Stadtheiligen von Mechelen benannt und beherbergt auch dessen sterbliche Überreste. Der heilige Romuald brachte der Stadt im Jahre 756 das Christentum und wird hier bis heute verehrt. Mit der Errichtung des Erzbistums Mechelen im Jahr 1559 wurde die St.-Rombout-Kirche zur Kathedrale erhoben. Sie thront mit ihrem 98 Meter hohen Turm (Belfried) weithin sichtbar über der Stadt. Der Turm der Kathedrale beherbergt ein mächtiges Geläut, das zu den größten in Belgien gehört, sowie ein großes Carillon aus 49 Glocken.[5]

Hier nun sollte Flor Peeters für die nächsten 63 Jahre als Organist wirken. Am 16. November 1958, nach 35 Jahren als Organist an St. Rombout, ging für Peeters ein lang gehegter Wunsch in Erfül-

[5] Vgl. Bert Verriest, Die St.-Rombaut-Kathedrale Mechelen, Regensburg 2007.

lung. An diesem Tag wurde die umgebaute, erneuerte und reorganisierte Orgel der Kathedrale eingeweiht. Der große Kirchenraum beherbergte endlich eine Orgel, die hinsichtlich der Liturgie und Konzertpraxis den damals vorherrschenden Erwartungen an ein modernes Instrument vollauf gerecht werden konnte. An der Planung und der Erstellung der Orgel-Disposition war Flor Peeters wesentlich beteiligt. Dieses Universalinstrument der Orgelbaufirma Stevens (Duffel) sollte die Darstellung der Orgelliteratur aller Zeiten ermöglichen, indem es als Synthese-Instrument die verschiedenen Einflüsse der europäischen Orgelgeschichte in sich vereinigt. Es gibt eine Vielzahl von Mixturen und Zungen. Die 83 Register verteilen sich auf vier Manuale und Pedal. Die reiche Erfahrung des weitgereisten Domorganisten im Umgang mit verschiedensten Orgeln und Spieltischen floss auch in die Gestaltung des elektrischen Spieltisches mit ein. Die Notwendigkeit von Spielhilfen aller Art mag Peeters insbesondere im Kontakt mit den großen Konzertorgeln Nordamerikas und dem angelsächsischen Orgelbau bewusst geworden sein.[6]

Im Pontifikalamt zur Orgeleinweihung am 16. November 1958 erklang als Uraufführung die »Missa laudis« op. 84 für vier gemischte Stimmen und Orgel von Flor Peeters. Der Domchor sang unter der Leitung von Jules Vyverman, dem Nachfolger Jules van Nuffels als Chordirektor der Kathedrale. Als Orgelmusik erklang im Gottesdienst eine Improvisation zum Introitus »Dicit Dominus«, »In dir ist Freude« von Johann Sebastian Bach und »Lied to the sun« aus der »Lied-Symphonie« op. 66 von Flor Peeters. Nach der Messe verlieh ihm Mechelens Kardinal Jozef-Ernest van Roey den höchsten Orden des Vatikans für katholische Laien: Peeters war nun »Commandeur im Orden Gregors des Großen«. Im Einweihungskonzert erklangen dann Orgelwerke von Bach, Dieterich Buxtehude, Jan Pieterszoon Sweelinck, Charles Tournemire, Olivier Messiaen und Peeters.[7] Flor Peeters war stets fasziniert von seiner Domorgel und schöpfte aus ihr Inspiration für seine gottesdienstlichen Orgelimprovisationen, die von hohem Einfühlungsvermögen in die Liturgie

---

[6] Vgl. Peter Bovens, »Peeters Flor (1903–1986)«, in: Matrix – Centrum voor nieuwe muziek, Leuven, https://www.matrix-new-music.be/nl/publicaties/componisten-fiches/peeters-flor/, 17.4.2020.

[7] Vgl. Hofmann, Flor Peeters, S. 53–54.

Hauptwerk		Schwellwerk		Positiv		Kronwerk		Pedal	
Prestant	16'	Gedeckt	16'	Kwintadeen	16'	Roerfluit	8'	Principaalbas	32'
Bourdon	16'	Prestant	8'	Prestant	8'	Kwintadeen	8'	Subbas	32'
Prestant	8'	Holpijp	8'	Spitsfluit	8'	Zing. Principaal	4'	Principaalbas	16'
Flûte harmonique	8'	Spitsgamba	8'	Nachthoorn	8'	Nachthoorn	4'	Prestant	16'
Holpijp	8'	Voix céleste	8'	Oktaaf	4'	Zwitserspijp	2'	Subbas	16'
Gemshoorn	8'	Oktaaf	4'	Blockfluit	4'	Blokfluit	2'	Oktaafbas	8'
Kwint	5 1/3'	Open fluit	4'	Oktaafken	2'	Larigot	1 1/3'	Prestant	8'
Oktaaf	4'	Nasard	2 2/3'	Nachthoorn	2'	Acuta IV–V		Gedekt	8'
Gemshoorn	4'	Zwegel	2'	Spitskwint	1 1/3'	Sesquialtera II		Koraalbas	4'
Koppelfluit	4'	Woudfluit	2'	Mixtuur IV–V		Ranket	16'	Open fluit	4'
Kwint	2 2/3'	Terts	1 3/5'	Tertscimbel III–IV		Schalmei	8'	Oktaaf	2'
Oktaaf	2'	Sifflet	1'	Sesquialtera III		*Tremulant*		Nachthoorn	1'
Veldfluit	2'	Mixtuur IV–V		Dulciaan	16'			Ruispijp III–IV	
Mixtuur VI–VIII		Cimbel II–III		Kromhorn	8'			Mixtuur V	
Scherp IV–V		Bombarde	16'	Trompet-Regaal	4'			Bazuin	32'
Cornet V		Trompet	8'					Bazuin	16'
Trompet	16'	Hobo	8'					Trompet	8'
Trompet	8'	Vox humana	8'					Schalmei	4'
Trompet	4'	Koptrompet	4'					Zing. Cornet	2'
		Tremulant							

Disposition der Stevens-Orgel von 1958

gekennzeichnet waren. Als glänzender Improvisator waren die im gottesdienstlichen Orgelspiel entstanden Improvisationen wichtige Vorstufen zu seiner kompositorischen Tätigkeit, besonders im Bereich der unzähligen Choralbearbeitungen. Bei all seinen vielen Verpflichtungen war doch der sonntägliche Organistendienst an der Kathedrale bis zu seinem Lebensende 1986 das eigentliche Zentrum seines musikalischen Wirkens. Er mochte das liturgische Milieu an der Kathedrale und bewunderte ihre Architektur sowie den weiten Innenraum des Bauwerks, das seine gottesdienstlichen Improvisationen und Kompositionen wesentlich inspirierte. Auch die Stadt Mechelen wurde für ihn, nicht zuletzt durch seine Familie, sein inneres und äußeres Zuhause und die Stadt seines Herzens.

Kathedrale von Mechelen, außen

Kathedrale von Mechelen, innen

Kathedrale von Mechelen, Stevens-Orgel

Lehrtätigkeit

Flor Peeters begann seine Lehrtätigkeit 1923 als Assistent seines Lehrers Oscar Depuydt am Lemmens-Institut in Mechelen. Schon 1925 wurde er dort nach dessen Tod zum Professor für Orgel berufen. In seiner ersten Orgelklasse waren alle seine Studenten älter als er selbst. In dieser Zeit schloss er Freundschaft mit Marcel Dupré, der ihn dem greisen Charles-Marie Widor vorstellte, der ja seinerseits selbst Schüler von Jaques-Nicolas Lemmens gewesen war. Überhaupt könnte man Flor Peeters in gewisser Weise einen flämischen Dupré nennen, zumal die Karrieren beider Musiker erstaunliche Parallelen aufweisen. Beide waren bedeutende Komponisten, Konzertorganisten und Orgelpädagogen, die eine neue Generation von Organisten ausgebildet haben. Peeters besuchte erstmals 1927 Dupré in Meudon, um sich von ihm in der Interpretation von dessen Werken beraten zu lassen. Flor Peeters behielt seine Orgelprofessur in Mechelen bis 1952. Weitere Professuren sollten folgen: 1931–1948 Professor am Königlichen Konservatorium Gent, 1935–1948 Professor für Orgel und Improvisation an der Römisch-Katholischen Hochschule Tilburg (Niederlande) und 1948 Professor für Orgel am Königlich Flämischen Konservatorium Antwerpen in der Nachfolge des dortigen Orgelprofessors und Kathedralorganisten Alex Papen. Von 1952 bis zu seiner Emeritierung 1968 war er neben seiner künstlerischen Professur auch Direktor des Antwerpener Konservatoriums. Bei der Übernahme des Direktoren-Postens war es Peeters sehr wichtig, die Möglichkeit zu haben, seine Konzerttätigkeit in gewohntem Maße und Umfang weiter ausführen zu können. Seine Frau Marieke hat ihn in diesem Anliegen wesentlich bestärkt. Als Direktor des Konservatoriums zeichnete er für viele Neuerungen und Innovationen verantwortlich. So wurde ein neues Curriculum, Studentenkonzerte und Studenten-Austausch-Programme mit Hochschulen aus dem Ausland eingeführt. Neue Studiengänge wie Gitarre, Cembalo, Pädagogik, Ästhetik, Analyse, Stimmbildung, Sprecherziehung, Schauspiel und Musiktheater wurden installiert. Alle diese Maßnahmen trugen zu einer Erneuerung, Öffnung und Internationalisierung des Antwerpener Konservatoriums bei und beförderten seine Reputation nachhaltig.[8]

[8] Vgl. Bovens, »Peeters Flor (1903–1986)«.

In den Jahren 1952 und 1955 war Flor Peeters einer der Juroren beim Internationalen Musikwettbewerb der Rundfunkanstalten der Bundesrepublik Deutschland in München, der heute als ARD-Wettbewerb bekannt ist. Jury-Kollegen waren u. a. Maurice Duruflé (Paris), Anton Heiller (Wien), Fritz Heitmann (Berlin), Karl Höller (München), Friedrich Högner (München), Hermann Keller (Stuttgart) und Michael Schneider (Detmold). In den Wettbewerben dieser beiden Jahre gewannen jeweils Schüler von Flor Peeters den ersten Preis (Paul Barras 1952, Kamiel D'Hooghe und Jozef D'Hoir 1955), was natürlich den Argwohn und auch Beschwerden einiger anderer Teilnehmer hervorrief. Sollte Peeters seine Mitjuroren beeinflusst oder gar manipuliert haben? Andererseits müsste eine achtköpfige Jury eine gewisse Ausgeglichenheit, Objektivität und demokratisch ausgewogene Entscheidung eigentlich gewährleisten.[9] Weitere Teilnehmer der Wettbewerbe waren etwa Peter Stadtmüller (3. Platz 1952), Luigi Fernando Tagliavini (4. Platz 1952), Viktor Lukas (3. Platz 1955) oder Hans Gebhard (5. Platz 1955). Wie dem auch sei, jedenfalls waren Schüler von Flor Peeters bei Wettbewerben oft recht erfolgreich. So auch beim Internationalen Bachwettbewerb in Gent 1955, wo zahlreiche Studenten von Peeters hervorragende Platzierungen erreichten (1. Platz Leopold Sluys, 2. Platz Paul Barras, 5. Platz Kamiel D'Hooghe, 7. Platz Jozef D'Hoir). Juroren waren neben Flor Peeters u. a. Hans Klotz, Gaston Litaize und Albert de Klerk.[10]

Als Flor Peeters 1968 in den Ruhestand trat, wurde er durch das Ministerium für Flämische Kultur beauftragt, in der Kathedrale von Mechelen regelmäßig internationale Meisterkurse für Orgel durchzuführen. Diese zweiwöchigen Sommerkurse fanden bis 1985 statt und führten eine große Schar von Organisten aus der ganzen Welt nach Belgien. Der Staat zahlte die Kurs- und Aufenthaltskosten der Teilnehmer, während die Reisekosten von den Teilnehmern selbst zu übernehmen waren. Als Teilnehmer aus Deutschland seien neben vielen anderen beispielsweise Edgar Krapp, Gerhard Weinberger, Harald Feller, Martin Lücker, Peter Dicke, Christoph Grohmann, Michael Felix, Martin Sander und Bernhard Buttmann genannt. Aber auch aus Amerika, Schweden, Dänemark, Südafrika,

[9] Vgl. Peeters, Schroyens, Allegro energico, S. 219–221, 245.
[10] Vgl. ebd., S. 241.

Großbritannien und den Niederlanden kamen die zahlreichen Studenten. Genannt seien Organisten wie Ernst Leitner, Martin Haselböck und Elisabeth Ullmann (Österreich), Margaret Philips, Ivor Bolton und Andrew Lucas (Großbritannien), Jozef Serafin und Julian Gembalski (Polen), Hans Fagius und Gunnar Idenstam (Schweden) sowie John Hofmann (USA). Die Teilnehmer genossen neben dem künstlerischen Gewinn die familiäre Atmosphäre dieser Meisterklassen. Mit seiner väterlichen Herzlichkeit prägte Flor Peeters die Kurswochen in einer Art, dass man sich einfach wohlfühlte. Während seiner langjährigen Tätigkeit als begnadeter Orgelpädagoge unterrichtete er hunderte von Organisten in seinem Heimatland sowie bei seinen Meisterkursen in Amerika, Belgien und weltweit.[11]

Flankierend zu seiner praktischen Lehrtätigkeit veröffentlichte Peeters auch einige Lehrwerke, die weite Verbreitung in Fachkreisen erfuhren. Genannt seien die *Schule zur Begleitung des Gregorianischen Chorals* (1942) und besonders die dreibändige Orgelschule *Ars Organi* (1952/54), die viersprachig (niederländisch, französisch, englisch, deutsch) erschienen ist. Diese Orgelschule propagiert, der Zeit entsprechend (vgl. Dupré), ein strenges Legato-Spiel, das heute in weiten Teilen überholt scheint. Trotzdem vermag dieses vielseitige Lehrwerk auch heute noch gute Dienste zu leisten. Bei dieser umfangreichen Orgelschule handelt es sich um ein theoretisches und praktisches Lehrwerk mit zahlreichen Übungen und einer großen Auswahl von Stücken verschiedenster Stilepochen. Die Schule ist pädagogisch und methodisch sehr durchdacht und vermittelt neben technischen Fertigkeiten ein gutes stilistisches Empfinden für die verschiedenen Traditionslinien der Orgelmusik. Sie gibt Hinweise zu Phrasierung, Artikulation, Interpretation und Registrierung. Sie nimmt gewissermaßen eine Zwischenstellung zwischen französischer und deutscher Orgelspielkunst ein und stellt hohe künstlerische Anforderungen. Die Ernsthaftigkeit und Gewissenhaftigkeit ihres Autors prägt dieses hervorragende Lehrwerk, das quasi ein Kompendium der Orgelspielkunst dieser Zeit darstellt. Vor allem seine Frau Marieke und der Schott-Verlag als Herausgeber haben Peeters zum Verfertigen dieser Orgelschule angespornt. Flor Peeters

---

[11] Vgl. Christoph Grohmann, »In Memoriam; Flor Peeters – ein Leben für die ›musica sacra‹«, in: Musica Sacra 106, Nr. 4 (1986), S. 292.

hatte damals bereits eine 25-jährige Erfahrung als Orgellehrer und stand als Organist und Komponist auf dem Höhepunkt seiner Laufbahn. Die »Zehn Pedalstudien« (op. 11) sind technisch und musikalisch ambitionierte Etüden für den fortgeschrittenen Orgelschüler. Auch zu pädagogischen Zwecken veröffentlichte Peeters zahlreiche Sammlungen mit Werken alter Meister, wie *Les maîtres anciens Néerlandais pour grand orgue* (1938–1945), *Opera selecta pro organo Johannis Cabanilles* (1948), *Alte Orgelmusik aus England und Frankreich* (1957) und *Altniederländische Meister für Orgel* (1957). Einige Jahre war Peeters zudem Direktor der niederländischen Zeitschrift für Orgelkultur *De Praestant.*

Welche Leitlinien prägten nun den Unterricht bei Flor Peeters? Der Interpretation eines Werkes sollte es nie an Objektivität, Kenntnis, Ehrlichkeit und guter Bildung fehlen. All dies sollte aber zu einer persönlichen und verantwortungsvollen Wiedergabe führen, die sich nicht hinter historischen Angaben verstecken sollte. In einem Artikel über die Orgelwerke César Francks für die deutsche Kirchenmusik-Zeitschrift *Musica Sacra* (1971) zitiert Flor Peeters einen Vortrag von Dr. Willem Mengelberg an der Universität Utrecht vom 3. Dezember 1934, in dem der Vortragende vier Forderungen an den Interpreten stellt:

1. Jede Note, jedes Zeichen so genau wie möglich spielen

2. Jede Note, jedes Zeichen so schön wie möglich spielen

3. Alles das, was zwischen den Noten steht, auffinden und ins Bewusstsein heben

4. Freiheit des Vortrags, des »Improvisando«, der Neugestaltung aus der Eingebung des Augenblicks

Das erste und zweite Gebot – Genauigkeit und Schönheit – verlange vom Ausführenden fachmännisches musikalisch-technisches Können, die Beherrschung seines Handwerks. Das dritte Gebot erfordere die Entwicklung und die Dynamik von Geist und Gefühl. Das vierte Gebot schließlich – das »Improvisando« – verweise auf das eigentlich schöpferische Element der Wiedergabe. Es sei die Eingebung des Augenblicks, die Spannkraft der Nerven, die gleichsam eine unsichtbare Brücke vom Kunstwerk zum Publikum schlage. Dieses »Improvisando« erst mache die Partitur lebendig, entzünde den Funken im Herzen der Zuhörer.[12] Soweit Willem Mengelberg. Man kann getrost davon ausgehen, dass mit dem zitierten Vortrag auch die Interpretations-Prämissen von Flor Peeters aufs Trefflichste dargestellt sind.

Der Schüler und Interpret solle sich auch stets folgende Fragen stellen: Was ist die musikalische Idee des Komponisten? Spiele ich in einem Konzertsaal mit eher trockener Akustik oder einer Kathedrale mit langer Nachhallzeit? Auf welcher Orgel spiele ich? Was sind ihre Stärken und Schwächen und welches Repertoire wähle ich dementsprechend aus? Der Spieler soll zudem stets horizontal denken, um beim Orgelspiel sinnvolle musikalische Bögen darstellen zu können. Der Organist soll wirklich Musiker sein und das Werk mit Herz und Verstand zum Leben erwecken, wobei niemals (im historischen Sinne) einfach imitiert werden soll. Wahre Kunst sei immer kreativ und neu schöpferisch. Das gelte beim Orgelspiel und im Orgelbau sowie allgemein in jeder Art von Kunst.[13]

Peeters' Überzeugung war, dass sich der gute Pädagoge letztlich selbst vergessen sollte, um sich ganz auf die individuellen Bedürfnisse des Schülers einstellen zu können.

Schließlich sei noch Flor Peeters selbst zitiert: *»Deshalb ist es nicht nur notwendig, das Leben und die Lebensanschauung des Komponisten kennenzulernen; wir müssen beides auch in Zusammenhang mit der Gesellschaft, den kulturellen zeitlichen Umständen und dem Milieu sehen, in dem der Komponist lebte. Dann allein werden wir dem Werk eine Inkarnation geben können.«*[14] Und weiter schreibt er: *»Das Wesentliche bei der Ausführung bleibt die Offenbarung dessen, was hinter dem Notenbild lebt. Was hinter und zwischen den Noten steht, das erst öffnet das Tor zur Kunst!«*[15]

---

[12] Vgl. Flor Peeters, »Die Orgelwerke César Francks«, in: Musica Sacra 65, Nr. 3 (1971), S. 88–89.

[13] Vgl. Peeters, Schroyens, Allegro energico, S. 445.

[14] Peeters, »Die Orgelwerke César Francks«, S. 94.

[15] Ebd.

Marcel Dupré und Flor Peeters

Meisterkurs in der Kathedrale zu Mechelen

Flor Peeters

Konzerttätigkeit

Dass Flor Peeters ein Musiker der Superlative war, zeigt sich im Besonderen in der Vielzahl seiner Orgelkonzerte (weit über 2000) und Tourneen weltweit. Diese Konzerttätigkeit begann 1925 und endete erst im Jahr seines Todes 1986. Seine Konzertreisen in alle Welt musste er aber ab 1978 wegen zunehmender körperlicher Beschwerden einstellen. Eine ausführliche Auflistung seiner Konzertreisen findet sich in der chronologischen Biografie. Hier aber einige Schlaglichter auf seine über 60-jährige Laufbahn als hochgeschätzter Orgelvirtuose.

Er spielte u. a. 476 Konzerte in Belgien (Mechelen, Brüssel, Antwerpen,Gent, Brügge, Löwen etc.), 253 in den USA (New York, Washington, Chicago, Philadephia, Detroit etc.), 105 in den Niederlanden (Utrecht, Den Haag, Haarlem, Amsterdam, Rotterdam, Groningen etc.), 42 in Deutschland (Köln, Aachen, Stuttgart, Freiburg etc.), 115 in Großbritannien (London, Liverpool, Birmingham, Leeds etc.).[16] Zahlreiche Konzerte gab er auch in Dänemark, Frankreich (Paris), der Schweiz, Italien, der Tschechoslowakei und Schweden und produzierte viele Schallplatten- und Rundfunkaufnahmen. Er spielte 126 Orgel-Einweihungskonzerte, wobei er besonders die Orgeln von Firmen wie Stevens, Klais, von Beckerath, Marcussen und Flentrop schätzte.[17]

Was seine Laufbahn aber gegenüber den meisten seiner damaligen Kollegen heraushebt, sind seine zahlreichen Konzerte in doch eher entlegenen Orgellandschaften wie beispielsweise Südafrika, Kanada, Australien, Neuseeland, die Sowjetunion oder die Philippinen. Die Vereinigten Staaten von Amerika wurden auch von anderen prominenten Kollegen wie etwa Louis Vierne (1870–1937), Marcel Dupré (1886–1971) und Jean Langlais (1907–1991) bereist. Im Jahr 1946 startete Flor Peeters seine erste von insgesamt zehn Nordamerika-Tourneen, die ihn mit 15 Konzerten in den Nordosten der USA und nach Kanada führen sollte. Sein Kollege und Freund Marcel Dupré hatte ihn dem amerikanischen Impressario Bernard La Berge empfohlen und in diesem Empfehlungsschreiben den belgischen Organisten als eine Art Nachfolger seiner selbst beschrieben. Diese

[16] Vgl. Peeters, Schroyens, Allegro energico, S. 11.
[17] Vgl. ebd., S. 165.

Konzertserie sollte so erfolgreich verlaufen, dass weitere Empfehlungen fortan nicht mehr nötig waren. So stand im *Boston Pilot* vom 30. April 1946 Folgendes zu lesen: »(...) Mr. Peeters is one of the finest exponents of the art of organ playing in the world«[18]; oder Christopher Terley (*Washington chapter, American Guild of organists*): »We have never had a recitalist here who has been more enthusiastically received.«[19] Der Erfolg war überwältigend und die nächste Amerika-Tournee 1947 umfasste bereits 35 Konzerte. Nach dieser zweiten Amerika-Tournee ließ sich Mechelens Kardinal van Roey von der Reise berichten. Der Ruhm seines Domorganisten im Ausland strahlte nun auch auf seine Kathedrale und sein Erzbistum aus.[20] Die Tatsache, dass der Katholik Peeters auch in nicht-katholischen Kirchen und Universitäten (besonders in den USA) konzertierte, war noch in den 40er, 50er und 60er Jahren des 20. Jahrhunderts keine Selbstverständlichkeit. Auf Vermittlung des befreundeten Komponisten Dmitri Kabalewski, den Flor Peeters bei der Weltausstellung 1958 in Brüssel kennengelernt und der in der Folge eine Meisterklasse an Peeters' Konservatorium in Antwerpen gehalten hatte, konnten in den Jahren 1963 und 1964 Konzertreisen in die damalige UDSSR stattfinden. Während die baltischen Staaten bis zur Annexion durch die Sowjetunion 1940 eine reiche Orgelkultur hatten, stellte sich die Orgelsituation in der übrigen Sowjetunion als wesentlich bescheidener dar. Die Gründe liegen hauptsächlich im orthodoxen Christentum, das ja in seinen Kirchen und seiner Liturgie keine Orgel und Orgelmusik kennt, sowie im damaligen kommunistischen System, das jede Art religiöser Betätigung missbilligte und verfolgte und somit einem Musikinstrument, das wie kein anderes für den christlichen Glauben stand, äußerst kritisch gegenüber eingestellt war. Gleichwohl fanden und finden sich in einigen Konzertsälen und Konservatorien des Landes Orgeln verschiedenster Provenienz. Flor Peeters spielte umjubelte Konzerte in Leningrad, Moskau, Riga, Vilnius, Minsk, Tallinn und Taschkent. Das Publikum der stets ausverkauften Konzerte war begeistert und manches Recital musste sogar wiederholt werden. Flor Peeters bemerkte einmal, dass das Publikum in den USA und in der Sowjetunion viel emotionaler

---

[18] Hofmann, Flor Peeters, S. 52.

[19] Ebd.

[20] Vgl. Peeters, Schroyens, Allegro energico, S. 12.

(»mit Tränen in den Augen«) reagieren würde als das europäische. Russische Zuhörer schrieben oft während der Konzerte Gedichte, welche sie dann dem Interpreten nach dem Konzert überreichten. Ein besonderes Konzertereignis fand am 5. Dezember 1958 zur Einweihung der neuen Orgel in der Kathedrale von Manila durch Flor Peeters statt, mit 1000 Zuhörern in und 2000 Zuhörern außerhalb der Kathedrale. Im Flugzeug nach Manila, das vom Vatikan gechartert worden war, waren neben einigen Kardinälen auch der Chor der Sixtinischen Kapelle mit seinem Leiter Monsignore Domenico Bartolucci. Im Pontifikalamt zur Orgelweihe erklang Peeters' »Missa Sancti Josephi« op. 21, gesungen vom Chor der Kathedrale von Manila und der Capella Sistina. Auf der Rückreise über Rom wurde Flor Peeters in Privataudienz von Papst Johannes XXIII. empfangen.[21]

Sein erstes Konzert in Deutschland nach dem Zweiten Weltkrieg bestritt Peeters am 30. Juni 1949 beim Nordwestdeutschen Rundfunk in Köln. Viele weitere Auftritte in Deutschland sollten folgen. Einige Zeitungskritiken mögen beispielhaft für die Resonanz stehen, die Flor Peeters bei seinen Deutschland-Konzerten zuteil wurde. Man möge dem Verfasser dieses Buches hierbei seinen Lokalpatriotismus nachsehen. So schrieb das *Wertheimer Tageblatt* am 21. September 1955 nach einem Konzert in Amorbach (Odenwald): *»Hervorragendes Amorbacher Kirchenkonzert! … Sein Spiel offenbarte, wie sehr jener Genius sein Wunder in sich birgt. Es wurde außerdem offenbar, … dass der ›junge‹ Belgier wahrlich auf der Lichtseite des Lebens steht …«.*[22] Die *Badische Zeitung* schrieb am 21. Juli 1959 nach einem Orgelkonzert im Freiburger Münster: *»Die Orgelabende zeigen ein für die heutige soziologische Situation des Musikers eigenes Bild, indem die Orgelkünstler am ehesten noch die Einheit des Schaffenden und Interpreten verkörpern – die Solisten der vorangegangenen Konzerte standen mit Flor Peeters beispielhaft dafür ein … Peeters mag manchem zuerst als Komponist begegnet sein. Dass aber ein virtuoser Orgelsolist hinter den vielfältigen Gattungen seiner Partituren steht, erklärt und begründet diese und jene Eigenart seines außerordentlich durchlichteten und vom Rhythmus besessenen Spiels …«.*[23] Nach einem Konzert im Konstanzer Münster las man im *Südkurier* vom 24. Juli 1959: *»Dass die Bachauffassung eines Organisten wie Flor Peeters sich abseits jeden starren Schematismus*

[21] Vgl. Hofmann, Flor Peeters, S. 70–71.
[22] Peeters, Schroyens, Allegro energico, S. 250.
[23] Ebd., S. 280.

bewegt, war vorauszusehen. Begriffe wie ›falsch‹ und ›richtig‹ hätten hier die durchdachte Eigenständigkeit der stilistischen Blickrichtung des Künstlers wohl nicht getroffen. In des Thomaskantors gewaltiger ›g-moll-Fantasie und Fuge‹ berührte zum mindestens die fast zeichnerisch ›dünne‹ Klangproportionierung der Fantasie und die Art darin oft über den Spannungswert der Pausen hinwegzuspielen etwas fremd, während die groß, klar und nachsichtig artikulierte Fuge eindrucksstark profiliert war …«.[24] Am 30. Oktober 1963 stand in den *Stuttgarter Nachrichten* nach einem Konzert in der dortigen Stiftskirche folgendes zu lesen: *»Kleine und eigentlich selbstverständliche Nuancen der Phrasierung, klügste Disposition der Register – und Manualwahl und – als wesentlich bezeichnend – eine höchst kultivierte Anschlagskunst geben dem Spiel dieses belgischen Organisten das Gepräge einer unnachahmlichen Vollkommenheit …«.*[25] Über seine 1961 im Christophorus Herder Verlag Freiburg erschienene Aufnahme mit Werken von Franck, Tournemire und Peeters finden sich folgende Rezensionen, Beschreibungen und Aussagen: *» … Die reichen Möglichkeiten der großartigen Kathedralorgel in Mechelen nutzt der belgische Organist Flor Peeters; seine Klangphantasie, die Durchsichtigkeit der Darstellung, die virtuose Spieltechnik finden auf zwei Platten neu Bestätigung.« (Dr. G.A. Trumpff, in: „Neue Zeitschrift für Musik", November 1961); »… Durchdrungen von den Baumitteln unserer Zeit, ergeben die alten Grundfesten einen Orgelstil, der zwischen Liturgie und weltlicher Orgelkunst steht.« (Musica-Schallplatte, Bärenreiter, September 1961); „… Sowohl durch den Wert der Kompositionen wie durch die spieltechnisch hervorragende Wiedergabe durch einen der angesehensten Orgelspieler (…) dürften die Platten guten Anklang bei den Orgelfreunden finden.« (Erbe und Auftrag, Beuron, 2/1962).*[26]

Zu einem Zwischenfall kam es im Rahmen einer Konzertreise nach Australien und Neuseeland im Jahre 1975 bei einem Zwischenaufenthalt in Bangkok (Thailand). Peeters wurde in seinem Hotel von einigen Mitgliedern des Hotelpersonals überfallen und am Kopf schwer verletzt. Glücklicherweise hatte er keine Gehirnschäden davongetragen. Trotzdem hinterließ dieses traumatische Ereignis insofern einen Eindruck, als dass es den 71-jährigen Peeters auch daran gemahnte, seine umfangreiche internationale Konzertätigkeit doch etwas zu reduzieren und sich in Zukunft auf Europa zu

[24] Peeters, Schroyens, Allegro energico, S. 282.
[25] Ebd., S. 329.
[26] Ebd., S. 295, 297.

beschränken, was ihm nicht leicht fiel.[27] Die letzten zehn Jahre seines Lebens waren begleitet von fortschreitender Osteoporose und heftigen Rückenschmerzen, was wohl auch auf seine lange und intensiv betriebene Organistenkarriere zurückzuführen ist. Die Haltung und Gewichtsverteilung beim Orgelspiel mit dem frei beweglichen Spiel der Beine beim Pedalspiel ist für den Rücken stets eine große Belastung. Folglich musste Flor Peeters seine Konzerttätigkeit ab Ende der 70er Jahre deutlich einschränken. Seine Auftritte beschränkten sich fortan auf kurze Orgelmatineen im Anschluss an das sonntägliche Hochamt in der Mechelner Kathedrale, die aber gleichwohl zahlreiche Zuhörer aus dem In- und Ausland anzogen. Sein letztes Konzert im Ausland spielte Flor Peeters am 28. Juli 1980 im Dom zu Graz (Österreich).[28]

Besonderer Erwähnung bedarf die Tatsache, dass im Jahr 1967 das Flandern Festival unter tatkräftiger Mitwirkung von Flor Peeters gegründet wurde und er in diesem Rahmen viele Konzerte gab.

Schon diese wenigen Episoden und Schlaglichter auf die außergewöhnliche Konzertlaufbahn von Flor Peeters mögen genügen, um eine Ahnung von seiner herausgehobenen Bedeutung als weltweit konzertierender Organist und Künstler zu erhalten.

Die Basis seiner Virtuosität war ein tägliches Übe-Pensum von sechs Stunden, das nicht nur an der Orgel, sondern auch am Klavier mit Fingerübungen und Etüden, z. B. von Chopin und Czerny, absolviert wurde. Bei seinem Übe-Programm, wie auch in seinen sonstigen musikalischen Aktivitäten ging er absolut methodisch, geplant und reflektiert vor. So wurden z. B. neu einzustudierende Werke erst nur mit den Händen, dann nur die Pedalstimme, dann in verschiedenen Kombinationen und erst am Schluss zusammengespielt. Merkmale seines Orgelspiels waren eine hohe Phrasierungskunst, eine sehr gute Pedaltechnik, rhythmisch energisches Spiel, Detailgenauigkeit, Frische, Musizierfreude und Brillianz, hohes Klanggefühl und Registrierkunst. Oft konnte er sein Konzertprogramm auswendig darbieten, was noch heute bei Organisten eher die Ausnahme darstellt. Seine vollkommen souveräne und dabei entspannte Spieltechnik stellte er stets in den Dienst des jeweiligen Werkes und legte besonderen Wert auf eine geistig-intellektuelle wie auch emotionale

[27] Vgl. Peeters, Schroyens, Allegro energico, S. 411.
[28] Vgl. ebd., S. 432.

Durchdringung der Komposition. Flor Peeters bot in seinen Konzerten die Literatur aller Epochen und Länder dar. Sein Repertoire war umfassend und kannte keine Beschränkungen. Seine intelligenten und reflektierten Programm-Zusammenstellungen beachteten stets die gegebenen Bezüge zum jeweiligen Raum und dessen Akustik, zum Publikum und zum jeweiligen Instrument. Gerne stellte er in seinen Programmen auch Verbindungen von Komponisten, Epochen oder musikalisch-thematische Bezüge her (z. B. Buxtehude-Bach-Mendelssohn, Franck-Tournemire-Peeters, alte norddeutsche Meister, alte niederländische Meister, Passacaglia etc.). Neben Werken von Johann Sebastian Bach und eigenen Kompositionen bildeten die Werke von César Franck, Charles Tournemire und altniederländische Meister einen gewissen Repertoire-Schwerpunkt. Seine Konzertprogramme enthielten aber auch Werke von Jan Pieterszoon Sweelinck, Dieterich Buxtehude, François Couperin, Louis-Nicolas Clérambault, Johann Pachelbel, Robert Schumann, Franz Liszt, Johannes Brahms, Josef Gabriel Rheinberger, Max Reger (Fantasie und Fuge über B-A-C-H), Sigfrid Karg-Elert, Charles-Marie Widor (Symphonien), Louis Vierne (Symphonien), Léon Boëllmann, Joseph Jongen, Marcel Dupré (viele belgische Erstaufführungen wie »Variations sur un Noël« 1927 und »Symphonie-Passion« 1929) und Messiaen. Im Alter konzentrierte sich Peeters vor allem auf die Wiedergabe der Werke Bachs, Francks und eigener Werke.

Abschließend sei stellvertretend für viele andere Zeitzeugen Heinrich Lemacher zitiert, der in fast hymnischer Manier den Organisten Flor Peeters und seine Wirkung auf die Zuhörer beschreibt: *»Und Flor Peeters an der Orgel! Wer Stunden seines faszinierenden Orgelspiels und nicht zuletzt seiner suggestiven Improvisationskunst miterlebt hat, wird sie als beglückendes und bewundernswertes Erlebnis in lebendiger Erinnerung behalten: Hier spricht durch ein überlegenes Können im Schöpferischen und Technischen der Überschwang und die Überlegenheit eines blutvollen und geistig disziplinierten Menschentums.«*[29]

[29] Heinrich Lemacher, »Flor Peeters«, in: Musica Sacra 77, Nr. 5 (1957), S. 151.

Flor Peeters

Charles Tournemire

Unter allen Freundschaften, welche Flor Peeters zu anderen Musikerkollegen, wie z. B. Marcel Dupré (1886–1971) oder Hendrik Andriessen (1892–1981) pflegte, ragt doch in besonderer Weise die enge, auch geistige, Verbindung und Freundschaft zu Charles Tournemire (1870–1939) heraus. Beide waren zunächst in Brieffreundschaft verbunden gewesen, bevor sie sich dann 1935 erstmals in Paris begegneten. Sie besuchten sich oft und pflegten regen Austausch miteinander. Der letzte Brief, den Tournemire kurz vor seinem Tode schrieb, galt Flor Peeters. Die Freundschaft der beiden wird durch die gegenseitige Widmung von Stücken dokumentiert. Flor Peeters widmete »Toccata, fugue et hymne sur ›Ave Maris Stella‹« op. 28 Tournemire, während dieser wiederum Peeters seine Suite Nr. 24 zum Sonntag in der Oktav nach Christi Himmelfahrt aus seinem Zyklus »L'Orgue Mystique« widmete (»sympathiquement à mon confrère distingue Flor Peeters«). Die Einweihung der Hausorgel im Studio von Flor Peeters 1938 mit einem gemeinsamen Konzert der beiden befreundeten Orgelvirtuosen kann man getrost als ein herausragendes Gipfeltreffen zweier Meister der Orgel bezeichnen. Die Disposition und Beschaffenheit dieser seiner Hausorgel der Firma Stevens geben durchaus Einblicke in die Peeters'sche Ansicht zu Orgelbau und Orgelspiel. Die Freundschaft von Tournemire und Peeters gipfelte sicher in der Tatsache, dass der ehemalige Orgelspieltisch von Sainte-Clotilde in Paris, an dem César Franck lange gewirkt hatte, in den Privatbesitz von Flor Peeters überging. Beide Organisten verband eine große Verehrung für Franck. Als die Cavaillé-Coll-Orgel von Sainte-Clotilde 1933 vergrößert wurde, musste dieser Spieltisch weichen und gelangte zunächst in den Besitz des Titular-Organisten und Franck-Schülers Tournemire, welcher den Spieltisch dann nach seinem Tode 1939 an Flor Peeters testamentarisch weitervererbte. Seit 1946 war dieser Spieltisch dann tatsächlich im Besitz von Flor Peeters, der ihm einen ehrenvollen Platz in seinem Musikstudio sicherte. Dieser Umstand wurde in der Pariser Orgelwelt nicht gerade freudig aufgenommen. Heute steht dieser Cavaillé-Coll-Spieltisch im Museum Vleeshuis in Antwerpen.

Cesar Frank

Charles Tournemire und Flor Peeters

Studio Adagio

Spieltisch der Cavaillé-Coll Orgel von Sainte-Clotilde

Groot-Orgel C-g'''		Reciet C-g'''		Pedaal C-g'	
Prestant	8'	Roerfluit	8'	Subbas	16'
Holpijp	8'	Spitsgamba	8'	Bas	8'
Zingend Principaal	4'	Vox Celestis	8'	Fluit	4'
Zwitserse Pijp	2'	Blokfluit	4'		
Cymbel	2-3 fach	Nasard	2 ⅔'		
		Woudfluit	2'		
		Terts	1 ⅗'		
		Schalmei	8'		

Disposition der Hausorgel von Flor Peeters (Stevens), 1938 (Manual- und Pedalkoppeln, 1 freie Kombination, elektrische Traktur, Winddruck 65 mm)[30]

[30] Peeters, Schroyens, Allegro energico, S. 114.

Familie

Am 22. August 1928 heiratete Flor Peeters in »seiner« Kathedrale die junge Pianistin und Klavierpädagogin Marieke van Gorp (1901–1981), die aus wohlhabendem bürgerlichem Hause stammte. Als musikalische Hochzeitsgabe erklang erstmals seine »Missa in honorem Sanctae Lutgardis« op. 15 für zwei gleiche Stimmen und Orgel. Der Knabenchor der Mechelner Kathedrale sang unter der Leitung von Jos Vyvermann, während Peeters' Studenten Edgar de Laet und Gaston Feremans die Orgel spielten.[31]

Marieke Peeters war fortan in alle Pläne und Entscheidungen ihres Mannes involviert, auch wenn sie nicht immer mit all seinen Entscheidungen übereinstimmte. Sie besaß eine starke Persönlichkeit und ihr Mann fand in ihr stets eine verlässliche Stütze und ideale Partnerin. Sie war an seinem Orgelspiel sowie an seinen Kompositionen sehr interessiert und eine konstruktive Kritikerin seiner Konzerte und somit eine unverzichtbare Hilfe während seiner langen Karriere als Konzertorganist.

Im Jahr 1929 wurde das erste Kind Guido geboren. Er ist benannt nach Guido Gezelle, dem Priester und bedeutendsten flämischen Dichter des 19. Jahrhunderts, dessen 30. Todestag im selben Jahr gedacht wurde. Guido sang im Kathedralchor als Knabensopran und spielte Tuba im Schulorchester. Er zeigte großes Interesse am Beruf und der Laufbahn seines Vaters und assistierte diesem oft auf seinen Konzerttourneen in Europa. Er studierte an der Universität Löwen die Fächer Jura und Politikwissenschaft, welche er mit erfolgreichen Examina abschloss. In Löwen lernte er auch seine spätere Frau Adelaide van Reeth kennen. Aus dieser Ehe gingen die Kinder Anna (*1958) und Hans (*1961) hervor.

Das zweite Kind Godelieva, genannt »Lieva«, kam 1931 zur Welt. Sie studierte später am Konservatorium Antwerpen Klavier und erhielt in diesem Fach einen ersten Preis. Anschließend studierte sie Cembalo bei Ralph Kirkpatrick in Yale. Bei der Brüsseler Weltausstellung 1958 arbeitete sie als Hostess und lernte dort ihren späteren Ehemann Eric Le Bon kennen. Sie lebten drei Jahre in Hollywood, wo Le Bon für das CBS-Fernsehen arbeitete, und kehrten dann

[31] Vgl. Hofmann, Flor Peeters, S. 23.

wieder nach Belgien zurück. Lieva fand eine Anstellung bei der Brüsseler Touristeninformation.

Als drittes Kind erblickte Frieda 1933 das Licht der Welt. Sie studierte Sozialwissenschaften und Musiktherapie in Antwerpen und arbeitete dann als Musiktherapeutin mit in ihrer motorischen Entwicklung beeinträchtigten Kindern. Sie heiratete Will van Roosmalen, einen Innendekorateur.[32]

Alle drei Kinder lernten das Klavierspiel. Zahlreiche Klavierkompositionen von Flor Peeters entstanden als Unterrichtsliteratur, nicht zuletzt für seine Kinder. Die Kinder sind alle ihren eigenen Weg gegangen, hielten aber stets engen Kontakt zu ihren Eltern. Die Karriere ihres Vaters begleiteten und unterstützten sie mit Wohlwollen, auch wenn sie selbst keine Berufsmusiker waren.[33]

Von 1931 bis 1958 wohnte die Familie in Mechelen, Stuivenbergvaart 27. Im Jahr 1958 wurde das neue Haus (Stuivenbergbaan) bezogen. Es hatte ein Studio, genannt »Adagio«, welches die Hausorgel (Joseph Stevens) beherbergte. Das neue Heim lag etwas außerhalb von Mechelen und gab dem weitgereisten Meister die Möglichkeit zur Ruhe und Rekreation, die er vor allem in der Natur und bei Spaziergängen im nahegelegenen Park fand.

Flor Peeters selbst war ein charmanter, freundlicher, belesener und äußerst kultivierter Mann, der vier Sprachen fließend lesen und sprechen konnte. Er pflegte keine bestimmten Hobbys, was aufgrund seiner immensen Arbeitsbelastung als Dom- und Konzertorganist, Komponist, Hochschullehrer, Leiter des Konservatoriums Antwerpen, Herausgeber alter Musik etc. unmittelbar einleuchtend erscheint. Trotz dieser zahlreichen Verpflichtungen, die nur wenige Mußestunden und Freizeit zuließen, war Peeters ein lebenslustiger Mensch, der eine gute Zigarre, ein Glas Wein und gutes Essen durchaus zu schätzen wusste.[34] Seine Rolle als Ehemann und Familienvater dürfte aufgrund seiner zahlreichen Aufgaben und Verpflichtungen bisweilen recht defizitär ausgefallen sein. Da er in seiner eigenen Welt der Musik lebte, tangierten ihn kindliche Bedürfnisse wie väterliche Zuwendung oder gemeinsames Fußballspiel nur am Rande. Marieke Peeters sah es als ihr

---

[32] Vgl. Hofmann, Flor Peeters, S. 81–82.

[33] Vgl. ebd., S. 78–82.

[34] Vgl. Website Flor Peeters, www.florpeeters.be, 17.4.2020.

vornehmstes Ziel an, ihren Mann vor der Außenwelt gleichsam abzuschirmen. Wenn der »Chef«, wie er in Familienkreisen genannt wurde, zu Hause komponierte, musste absolute Stille herrschen.[35] Wie viele andere Musiker lebte er vorwiegend für seine Kunst und war so oftmals den alltäglichen Dingen des Familienlebens entrückt. Seine Frau und die Kinder, die den Vater hauptsächlich als unermüdlichen Arbeiter auf dem Felde der Musik erlebten, ermöglichten ihm diesen Lebensstil und stellten eigene Bedürfnisse oft weit hinten an. Die Familie hielt aber zusammen und war in absoluter Loyalität, Liebe und Verehrung ihrem Familienoberhaupt verbunden. Obgleich von physisch starker Natur, hatte Flor Peeters ab den 1950er Jahren, wie viele andere Organisten auch, mit starken Rückenproblemen zu kämpfen. Als sich später noch Osteoporose dazugesellte, sah er sich 1978 schließlich dazu gezwungen, seine Tätigkeit als international konzertierender Organist einzustellen, was eine deutliche Zäsur in seiner langen Laufbahn darstellte.

Am 22. September 1981 starb seine liebe Frau und treue Gefährtin Marieke nach schwerer Krankheit. Sie war zu Lebzeiten eine elegante und hilfsbereite Frau gewesen. Sie war lebenslustig, herzlich und für die ausländischen Studenten ihres Mannes quasi eine »Ersatz-Mutter«, indem sie sich um deren Wohlergehen sorgte. Ihre Ausstrahlung und Herzensgüte prägte ihre Umgebung und ihre Mitmenschen nachhaltig.[36] Ihr widmete Peeters sein »Ricercare« op. 134.

Am 4. Juli 1986, seinem 83. Geburtstag, verstarb Flor Peeters in Antwerpen. Begraben ist er neben seiner Marieke in einem Ehrengrab auf dem Friedhof in Mechelen.

Flor Peeters meinte einmal, dass ein Orgelkomponist ein Christ und Künstler sein müsse.[37] Diesem von ihm formulierten Anspruch ist er vollauf gerecht geworden. Seine warmherzige und gütige Art, verbunden mit einer tiefen Spiritualität und Menschlichkeit, meint man in seiner Musik zu hören. Der renommierte englische Organist Bryan Hesford schrieb in einer Würdigung zu Flor Peeters' 75.

[35] Vgl. Bovens, »Peeters Flor (1903–1986)«.

[36] Vgl. Peeters, Schroyens, Allegro energico, S. 436.

[37] Vgl. Interview mit Flor Peeters vom 14. November 1958, vgl. dazu Joos Florquin, »Flor Peeters, Stuivenbergvaart 27, Mechelen«, in: Ten huize van … (1962), Leuven 1971, S. 352.

Geburtstag bezeichnenderweise Folgendes: *»Wenn ich als Mensch und als Musiker nach dem größten Erlebnis und dem wertvollsten Besitz meines Lebens und meiner Laufbahn gefragt würde, dann könnte ich ohne Übertreibung sagen: dass Flor Peeters mein Freund ist.«*[38]

Flor Peeters und Familie

[38] Bryan Hesford, »Flor Peeters – zu seinem 75. Geburtstag«, in: Musica Sacra 99, Nr. 2 (1979), S. 103.

Studio Adagio

Ehrungen

Es gibt wohl nur wenige Musiker, die zu ihren Lebzeiten so viel Anerkennung, so viele Ehrungen und Auszeichnungen erhielten wie Flor Peeters. Einige seien hier stellvertretend genannt, weitere werden in der chronologischen Biografie erwähnt.

Im Jahr 1962 erhielt Flor Peeters die Ehrendoktorwürde der Katholischen Universität von Washington. Beispielhaft und bezeichnend für viele andere Würdigungen verschiedenster Institutionen sei hier der Text anlässlich dieser Ernennung in Washington wiedergegeben:

»Citation Of The Honorable Flor Peeters
Among the arts fostered by the Church, music enjoys a special place of honour, for it has been employed from earliest times to give greater splendor and solemnity to the performance of the Sacred Liturgy. It is not be wondered at, then, that through the ages the most illustrious musicians have devoted their best talents to the composition or rendition of Sacred Music. None in our times has achieved greater personal distinction or exerted greater influence in this field than Flor Peeters, not only by his numerous and outstanding compositions and his unrivalled excellence as an organist, but also in by his dynamic teaching and his solid scholarship. The Catholic University of America, therefore, in recognition of the splendid achievements of the Honorable Flor Peeters, distinguished composer, organist, and teacher, takes pleasure in conferring upon him the degree of Doctor of Music, honoris causa. (1962)«[39]

Ebenfalls im Jahr 1962 wurde Flor Peeters Ehrenmitglied der Royal Academy of Music in London. Die Koninklijke Academie voor Wetenschappen, Letteren en Schone Kunsten van Belgie (Königliche Akademie der Wissenschaften, Literatur und Schönen Künste von Belgien) ernannte Peeters 1963 zum Mitglied. Das Bundesverdienstkreuz der Bundesrepublik Deutschland wurde ihm 1966 vom deutschen Generalkonsul in Antwerpen verliehen. Viele Städte in Belgien und in den USA ernannten ihn zu ihrem Ehrenbürger (New Orleans, Louisiana 1962; Kansas City, Missouri 1962; sein Geburtsort Tielen 1968; Statesboro, Georgia 1971; Turnhout, Belgien 1972; Provinz Limburg, Belgien 1972; Mechelen, Belgien 1974). Die Katholische Universität von Löwen ernannte Flor Peeters 1971 zum Ehrendoktor.

[39] Hofmann, Flor Peeters, S. 96.

Neben einigen Auszeichnungen durch den Vatikan (Mitglied des Silvesterordens 1950, Commandeur des Gregoriusordens 1958) stellt 1964 die Ernennung zum Konsultor für Kirchenmusik (»Consociatio Internationalis Musicae Sacrae«) beim Zweiten Vatikanischen Konzil (zusammen mit Olivier Messiaen) eine besondere Ehre dar. Dass Messiaen und Peeters (als Laien) in die Beratungen des Konzils nicht wirklich involviert waren und die Ernennung lediglich eine Ehrenbezeugung darstellte, soll nicht verschwiegen werden. Beide hätten zum Thema Kirchenmusik und Liturgie sicher einige erhellende Aspekte beisteuern können …

Zum belgischen Königshaus pflegte Flor Peeters eine besonders herzliche und nachhaltige Beziehung. König Baudouin (1930–1993) und Königin Fabiola (1928–2014), die jede Art von Kunst schätzten und förderten, wurden enge Freunde von Flor Peeters. Er spielte oft die Orgel bei festlichen Anlässen der Königsfamilie, wie Taufen, Erstkommunion, Beerdigungen, Hochzeiten (Hochzeit von Baudouin und Fabiola in der Brüsseler Kathedrale am 15. Dezember 1960). Das kunstsinnige Königspaar besuchte den Meister auch mehrmals in seinem Studio »Adagio« in Mechelen und zeigte sich interessiert an Fragen zum Orgelspiel, Orgelbau, zur Orgelliteratur und zum Entstehungsprozess von Peeters' Kompositionen. König Baudouin liebte besonders die Musik von Johann Sebastian Bach (was auch anlässlich des Requiems zu seinem Tode 1993 deutlich werden sollte) und so gestaltete Flor Peeters am 24. März 1971 an seiner Hausorgel ein Konzert, das ausschließlich aus Orgelwerken des großen Thomaskantors bestand (u. a. BWV 544 und BWV 564). Erstaunlicherweise konnte sich der König besonders für Präludium und Fuge h-Moll BWV 544 begeistern. Da dem musikalischen Laien Toccata, Adagio und Fuge C-Dur BWV 564 meist attraktiver erscheinen, zeugt die Begeisterung des Königs von dessem hohen Musikverstand. Umso mehr, da bedacht werden muss, dass der Klang einer Hausorgel eher reduziert ist. Am 13. April 1971 wurde Flor Peeters von König Baudouin der persönliche Titel eines Barons verliehen. Seine Frau Marieke war über die Ankündigung der Erhebung ihres Mannes in den Adelsstand geschockt und sprach sich gegen die Annahme dieser Ehrung aus. Peeters nahm die Ehrung dann aber doch freudig an, nachdem er zunächst gezögert hatte. Er fürchtete nämlich Neid und Missgunst seiner Kollegen. Die Ehrung sollte ihn ja nicht von anderen Musikern und Mitmenschen separieren und unnötig herausheben. Auch darin zeigt sich trotz aller Freude über die an ihn herangetragenen Ehrungen eine für ihn typische Bescheidenheit und Bodenständigkeit. Jedenfalls war es erst das dritte Mal, dass einem belgischen Musiker diese Ehre zu Teil wurde. Dies war die höchste Auszeichnung, die das offizielle Belgien diesem Botschafter der flämischen Orgelkunst in der Welt verleihen konnte. In seinem Baron-Wappen erscheint sein musikalisches Lebensmotto: »Propter amorem organi« (»aus Liebe zur Orgel«). In all diesen Ehrungen wurde der große, national und international tätige Künstler, Organist, Komponist und Pädagoge, aber sicher auch der »Mensch« Flor Peeters geehrt.[40]

Eine Ehrung ganz persönlicher Natur durfte Flor Peeters zu seinem 70. Geburtstag und zu seinem 50. Jubiläum als Domorganist, Komponist und Lehrer im Jahr 1973 erfahren. Ehefrau Marieke Peeters organisierte für ihren Mann in seinem Studio und damit in ihrem Privathaus ein Konzert zu Ehren des Jubilars, zu dem nur enge Freunde eingeladen waren. Ehemalige Schüler und Studenten spielten Orgelwerke ihres Meisters.

Im Jahr 1983 gab es aus Anlass von Peeters' 80. Geburtstag zahlreiche Konzerte und Veranstaltungen zu seinen Ehren, so etwa in Brüssel, Mechelen, Löwen, Gent, Tielen, Brügge und Tokio.[41] Gekrönt wurde das Jubiläumsjahr durch den Besuch des Königspaares in seinem Studio »Adagio« in Mechelen am 21. März 1983.

Am 2. Februar 1986 erhielt Flor Peeters schließlich den Staatspreis für sein künstlerisches Lebenswerk.

In Nachrufen und Kondolenzschreiben zu seinem Tod am 4. Juli 1986 werden seine Freundlichkeit, Großzügigkeit, Liebenswürdigkeit, Herzlichkeit und künstlerische Ernsthaftigkeit hervorgehoben. Beispielhaft sei abermals Bryan Hesford zitiert, welcher schreibt: *»With Flor's death the end of a musical dynasty in Belgium is at an end: there is no one to follow him who can influence the world's organists in the way he has done. In the centuries that will come after us, I am sure that Flor Peeters will remain as one of the great giants of the organ along-side the Regers, Guilmants, Widors and Francks.«*[42]

[40] Vgl. Hofmann, Flor Peeters, S. 91–95.
[41] Vgl. Peeters, Schroyens, Allegro energico, S. 440–442.
[42] Ebd., S. 454.

König Baudouin und Flor Peeters

König Baudouin, Marieke Peeters, Flor Peeters und Königin Fabiola

Komponist

Das musikalische Lebensmotto von Flor Peeters »Propter amorem organi« – »aus Liebe zur Orgel«, welches auch sein Baron-Wappen ziert, beschreibt treffend seine Grundmotivation als Organist, Komponist und Pädagoge. Allein die Anzahl seiner Orgelkompositionen belegt dies eindrucksvoll. So entspricht die von Flor Peeters komponierte Orgelmusik quantitativ in etwa den Gesamtwerken von Charles Tournemire, Marcel Dupré und Olivier Messiaen zusammengenommen, was über 36 Stunden oder fast 30 CDs mit Orgelmusik bedeuten. Peeters ist in der Vielzahl seiner Tätigkeiten, aber besonders auch als Komponist der markanteste Vertreter der flämisch-belgischen Orgelschule, die einen Mittelweg zwischen der französischen und der deutschen Orgeltradition vertrat. Komponieren war für Peeters schon früh eine Notwendigkeit und sein Orgelspiel und das Komponieren beeinflussten sich gegenseitig. Neben der Orgelmusik finden sich aber auch zahlreiche Werke für Chor, Sologesang, Klavier, Kammermusik und Orchester, sowie eine Vielzahl von Werken pädagogischen Charakters. Obgleich die Orgel seine Haupt-Inspirationsquelle darstellte, komponierte er nie am Instrument, sondern überall und zu jeder Zeit, wo es möglich war (zu Hause am Schreibtisch, in der Eisenbahn, im Flugzeug). Bis zum Aufschreiben hatte ein neues Werk bereits einen längeren Entstehungsprozess in seinem Gehirn durchlaufen. Peeters war der Überzeugung, dass der geborene Komponist schon über Voraussetzungen verfüge, die auch durch den besten Lehrer nicht vermittelt werden könnten. Der geborene Komponist verspüre stets den Drang zum Komponieren. Flor Peeters bemerkte einmal, dass ein guter Orgelkomponist Christ und Künstler sein solle.[43] Im Folgenden sollen nun die geistigen und künstlerischen Voraussetzungen des Komponisten sowie die besonderen Merkmale seines Kompositionsstils beleuchtet werden.

Flor Peeters wurzelte tief in der Kultur und Tradition seiner flämischen Heimat, mit der er sich Zeit seines Lebens verbunden wusste. Die Kathedrale zu Mecheln mit ihrem mächtigen Turm, ein Hauptwerk der brabantischen Spätgotik, ist quasi ein steingewordener Ausdruck dieser Prägung. Der Turm ist robust und stark, aber

[43] Vgl. Fußnote 37, Interview mit Flor Peeters vom 14. November 1958.

auch fein und differenziert ausgestaltet. Gleiches kann man in der Musik von Peeters finden. Eine amtskirchliche Grundlage für katholische Komponisten von geistlicher Musik dieser Zeit stellt das Motu proprio von Papst Pius X. von 1903 dar, das von Papst Pius XII. im Jahr 1955 nochmals bekräftigt wurde. Es besagt, dass die zur Liturgie passende Musik »heilig«, künstlerisch wertvoll und »allgemein« (kulturübergreifend verständlich) sein solle. Diesen Vorgaben würde die Musik umso mehr gerecht, je mehr sie sich in ihrem Geist und ihrer Stimmung dem Gregorianischen Choral oder der klassischen Vokalpolyphonie (besonders Palestrina) annähere. Neue Werke der Kirchenmusik seien umso mehr »wahre« Kunst, indem sie sich dem Geist der Kompositionen dieser Epoche verpflichtet fühlten und aus deren musikalischen Quellen schöpften. Peeters konnte sich mit diesen Vorstellungen und Anordnungen durchaus identifizieren. Die mit Abstand meisten Kompositionen von Flor Peeters sind geistliche Werke und hier besonders Werke für die konkrete liturgische Praxis, an deren Erfordernissen er sich stets orientierte. Er komponierte nicht für den »Elfenbeinturm«, sondern schrieb nach Bedarf »Gebrauchsmusik« im guten und höchsten Sinne. Diese kompositorische Grundhaltung besitzt gerade auf dem Feld der Kirchenmusik eine besondere Legitimität. Kirchenmusik hat im Gottesdienst ihre Funktion. Sie soll die Gläubigen erheben und den Glanz der liturgischen Handlungen mehren. Das scheint für manche Ohren antiquiert zu klingen, aber auch heute noch vermag man sich kaum dem Zauber und festlichen Glanz einer würdig gefeierten (Kathedral-)Liturgie mit entsprechender Musik zu entziehen. Dieser Themenkomplex wurde und wird oft diskutiert und Peeters ist für diese seine musikalische Grundhaltung auch kritisiert worden. Wir stehen hier im Spannungsfeld von Funktion und Anspruch, von liturgischer Zweckbestimmung und künstlerischer Selbstverwirklichung. Flor Peeters hat diese (scheinbaren) Gegenpole in seiner Person und seinem Werk zu einer glücklichen Synthese zusammengefügt. Hermann Schroeder, ein geistig und stilistisch zu Peeters verwandter Komponist, schreibt, dass die Voraussetzung für den Kirchenkomponisten die »Ein- und Unterordnung in den liturgischen Dienst« sei. »Für den Künstler bedeutet das weder Fessel noch Einengung, sondern Entfaltung seiner

Persönlichkeit im höchsten Dienst.«[44] Schroeder und Peeters lernten sich 1934 in Aachen bei der Tagung der »Internationalen Gesellschaft für Erneuerung der katholischen Kirchenmusik« (IGK) kennen und waren seither freundschaftlich verbunden. Die IGK war 1929 in Frankfurt am Main gegründet worden und sollte zur Förderung der zeitgenössischen Kirchenmusik, besonders durch Aufführungen neuer Werke, beitragen. So wurden bei der ersten Tagung 1930 in Frankfurt Werke damals junger Komponisten wie u. a. Joseph Ahrens, Johann Nepomuk David, Ernst Pepping, Flor Peeters und Hermann Schroeder aufgeführt. Mit dieser Gesellschaft war ein wichtiges Forum für Kleriker, Komponisten, Musikwissenschaftler und Kirchenmusiker geschaffen worden. Mitglieder waren bedeutende Persönlichkeiten, neben Peeters u. a. die Komponisten Josef Haas und Heinrich Lemacher (Deutschland), Joseph Jongen und Jules van Nuffel (Belgien), Josef Lechthaler (Österreich) und Ettore Desderi (Italien), aber auch einflussreiche Politiker wie der deutsche Reichskanzler Heinrich Brüning und der Kölner Oberbürgermeister Konrad Adenauer.[45] Für viele damalige Komponisten von geistlicher Musik war der gregorianische Gesang eine wichtige Bezugsgröße und Quelle der Inspiration. Flor Peeters etwa schrieb 1953 in der Zeitschrift *Musik und Altar* über den »Reichtum der gregorianischen Themen« Folgendes: *»Es ist eine bemerkenswerte Tatsache, dass die modernen Komponisten zu dem unerschöpflichen Reichtum der Gregorianischen Kunst zurückkehren; nicht nur wegen der reizvollen melodischen Wendungen der ausdrucksreichen und sauber-konstruktiven Gregorianischen Kunst als solcher, sondern auch wegen der erneuten Wertschätzung der ewig jungen alten Modi. (…) Durch die größere Freiheit der Rhythmen der Gregorianischen Kunst (…) und durch den Reichtum der Variation in den verschiedenen Modi hat die moderne Musik, und vor allem die moderne Kirchenmusik, eine Verjüngungskur erfahren, die sich in einem viel freieren Gebrauch der Rhythmen und einer großen Mannigfaltigkeit der melodischen Ausdrucksfähigkeit so kundgibt, dass die musikalische Palette eine Farbtiefe und einen bisher ungekannten klanglichen*

44 Hermann Schroeder, »Zur katholischen Kirchenmusik der Gegenwart«, in: Die Stimme der Komponisten (Kontrapunkte, Schriften zur Musik der Gegenwart), hg. von H. Lindlar, Band 2, Rodenkirchen 1958, S. 104–108.

45 Vgl. Rainer Mohrs, »Eine belgisch-deutsche Freundschaft, Flor Peeters und Hermann Schroeder«, in: Musica Sacra 123, Nr. 2 (2003), S. 15–16.

Reichtum gewann.«[46] Der Gregorianische Choral verbindet sozusagen den bereits erwähnten Christen und Künstler in sich zu einer Synthese, indem die im Text innewohnende christliche Theologie und Spiritualität in den Klangleib der Musik eingewoben wird. Die Gregorianik soll hiermit die Brücke von den geistigen Grundlagen der Musik Flor Peeters' hin zu den musikalischen Voraussetzungen und Parametern bilden, die seine Kompositionskunst bestimmen.

Flor Peeters wuchs in einer Zeit auf, die in ihrer musikalischen Stilistik durchaus noch der Spätromantik bzw. dem Impressionismus zugehörig war. In dieser romantischen Tradition wird die Orgel quasi wie ein Symphonieorchester behandelt. Charakteristisch sind stufenlose dynamische Übergänge und eine chromatisch gefärbte Harmonik. Während in Brüssel bei seinem 30 Jahre älteren Landsmann Joseph Jongen (1873–1953) der symphonische Impressionismus blühte und Louis Vierne (1870–1937) in Paris an die Grenzen der Chromatik stieß, entwickelte Peeters in den zwanziger Jahren seinen Personalstil, der sich neben symphonischen Elementen auch durch neoklassische Merkmale wie Durchsichtigkeit und Diatonik auszeichnet.[47] Vorbilder für Peeters waren zunächst Komponisten wie Franck (musikalische Architektur), Vierne (Chromatik), Tournemire (geistige Welt, Gregorianik) und Jongen (Impressionismus). Weitere wichtige Einflüsse erhielt er durch die Orgelbewegung und den deutschen Neobarock. Letztlich half ihm die Orientierung am Gregorianischen Choral, um sich von der Harmonik der Romantik zu lösen. Die Verschmelzung alter Modi mit einer modernen Tonalität lässt sich mit Hilfe der Gregorianischen Gesänge besser erreichen als mit den Dur / Moll-tonalen Melodien des 17. bis 19. Jahrhunderts. Peeters war stets fasziniert von alter Musik, von den Meisterwerken der Vokalpolyphonie und besonders von altniederländischen Meistern wie Guillaume Dufay, Philippe de Monte oder Pieter Cornet. Flor Peeters schöpfte musikalisch also wesentlich aus folgenden Quellen: Gregorianik, alte (niederländische) Musik, symphonisch-romantische Tradition und neobarocke Einflüsse. Er schuf aber einen eigenständigen Stil, der, seiner integrierenden Persön-

[46] Flor Peeters, »Der Reichtum der gregorianischen Themen«, in: Musik und Altar 6, 1953, S. 126.

[47] Vgl. Christoph Grohmann, »Die Kirchenkompositionen von Flor Peeters. Ein Werkverzeichnis der Orgel- und geistlichen Chorwerke mit Einführung«, in: Musica Sacra 104, Nr. 1 (1984), S. 26.

lichkeit entsprechend, kein schroffer Bruch mit der Vergangenheit ist, sondern eine natürliche Evolution und Synthese symphonischer und neobarock-polyphoner Stilmerkmale darstellt. In späteren Werken findet man die Tendenz zu einer gewissen Innerlichkeit, was sich auch in den Titeln einiger Stücke zeigt: Invocation, Lyrical Canticle, Contemplative Canzona (aus »Six lyrical pieces« op. 116) oder Prelude-Introspectif. Was sind nun die Merkmale von Flor Peeters' Kompositionsstil?

- Verwendung von gregorianischen Themen, flämischen Volks- und Kirchenliedern, katholischen und protestantischen Chorälen, Kirchentonarten
- Erweiterung der Harmonik unter Wahrung des Prinzips der Tonalität, modale (oft archaische) Harmonik, Quart- und Quintklänge
- Verwendung gemäßigter Dissonanzen und von Sekund-, Quart- und Septim-Intervallen
- polyphone und fugierte Satztechniken, lineare Stimmverläufe
- klassische Formen und Proportionen
- Polyrhythmik, freie und vitale Rhythmik
- Mehrtonalität und ab 1966 im Spätwerk auch gelegentliche Atonalität und Serialität
- Ostinato-Figuren und Klangflächen
- rasche Wechsel von polyphonem und homophonem Stil in einem Stück

Grundsätzlich lassen sich die Werke von Peeters, besonders die Orgelwerke, in zwei große Richtungen einteilen:

1. Werke des polyphonen, neobarocken Stils
2. Werke des symphonisch-impressionistischen Stils

Schon die Namen der Werke weisen in die eine oder andere Richtung, z. B. »Passacaglia und Fuge«, »Praeludium und Fuge« oder aber »Elegie«, »Lied-Symphonie« etc.; letztendlich verbindet Peeters aber beide Richtungen zu einem eigenen charakteristischen Stil. Flor Peeters ist, ganz seinem menschlichen und künstlerischen Naturell entsprechend, also wesentlich ein Komponist der Synthese, der in großer kompositorischer Virtuosität in seinen Werken scheinbare oder tatsächliche Gegensätze zu verbinden vermag. Hier einige Beispiele für solche Gegensatzpaare:

- französisch-symphonisch-impressionistischer Stil / deutsch-neoklassizistisch-kontrapunktischer Stil
- homophoner / polyphoner Stil
- kleine, einfache liturgische Werke / große, symphonisch-virtuose Konzertliteratur
- einfacher spieltechnischer Aufwand / große klangliche Wirkung
- Verwendung katholischer / protestantischer Choräle → »ökumenischer» Komponist

Man könnte Flor Peeters im besten Sinne als einen Komponisten des bewusst geplanten »sowohl als auch« bezeichnen, was ganz seinem auf Ausgleich, Integration und Synthese bedachten menschlichen und künstlerischen Naturell entspricht. Sein Leben und sein Werk bilden somit eine glückliche Synthese von seltener Einheitlichkeit.

Flor Peeters

Orgelwerke

Im Folgenden sollen aus der großen Anzahl der von Flor Peeters komponierten Orgelwerke (mehr als 450 Werke) einige etwas näher vorgestellt werden.

Sein erstes großes Orgelwerk stellt die »Symphonische Fantasie« op. 13 dar. Er komponierte es 1925 und widmete es posthum seinem Orgellehrer Oscar Depuydt, den er sehr verehrte. Das Werk basiert auf dem gregorianischen Alleluja der Osternacht. Flor Peeters war als junger Student innerlich bewegt, wenn Depuydt in der Osternacht das feierliche Alleluja mit einer festlich jubelnden Improvisation einleitete, nachdem die Orgel ja in den Tagen seit Gründonnerstag geschwiegen hatte. Dieses Erlebnis war sicherlich die Basis für die Entstehung des Werks und die Widmung. Das noch stark in der symphonisch-romantischen Tradition stehende Stück hat eine ABA-Form und erinnert stark an Franz Liszt oder César Franck, von dessen Werken Peeters Zeit seines Lebens inspiriert wurde. Bis 1939 wurde die »Symphonische Fantasie« op. 13 von ihm selbst oft aufgeführt, so auch bei großen und prestigeträchtigen Konzerten, wie z. B. am 28. Mai 1936 in Sainte-Clotilde (Paris) oder am 17. Oktober 1937 in Notre Dame de Paris. Später erachtete er das Stück nicht mehr als repräsentativ für seinen nun etablierten Personalstil.

Das Stück »Abdijvrede« op. 16 (Klosterfrieden) schuf er an einem Sommerabend des Jahres 1927 in der Prämonstratenser-Abtei von Averbode, mit der Peeters freundschaftlich verbunden war. Es ruht ganz in der stillen Kontemplation seines Entstehungsortes.

Im Jahr 1929 wurden die »Variationen und Finale über ein altflämisches Lied« op. 20 komponiert. Die Vorlage bildet das alte flämische Lied »Laet ons mit herten reyne«. Dieses symphonische und technisch anspruchsvolle Werk ist Marcel Dupré gewidmet, dessen »Variations sur un Noël« op. 20 quasi die Blaupause für Peeters' Komposition lieferte. Die gleiche Opus-Zahl ist natürlich kein Zufall. Nach der Vorstellung des Themas erklingen insgesamt acht Variationen mit teils lebhaftem, teils meditativem Charakter. Die siebte Variation mündet in eine rauschende Schluss-Tokkata. Nach einem Konzert in der Aachener Elisabethkirche am 7. Januar 1934 kam der Herausgeber Schwann aus Düsseldorf auf Peeters zu und bat um das Manuskript dieses Werkes, um es veröffentlichen zu können, was dann auch geschah. Später erschienen dann bei Schwann viele Chorwerke von Flor Peeters.[48]

»Toccata, fugue et hymne sur ›Ave Maris Stella‹« op. 28 ist das mit Abstand bekannteste und meist gespielte Orgelwerk von Flor Peeters. Es wurde 1931 geschrieben und ist Charles Tournemire, mit dem Peeters ja freundschaftlich verbunden war, gewidmet. Dieser setzte sich auch dafür ein, dass das Werk beim renommierten Pariser Verleger Henry Lemoine erscheinen konnte. Die Toccata im französischen Toccatenstil erinnert an französische Improvisationstechniken und beginnt mit gleichmäßig bewegt aufsteigenden Arpeggien, die in den Spitzentönen der Triolenbewegung den Melodieanfang des »Ave Maris Stella« vorstellen. Nach vier Takten bereits erklingt das »Ave Maris Stella«-Thema mächtig im Pedal. Der modulierende Mittelteil der Toccata bringt eine Verlangsamung und den Cantus firmus im Tenor, begleitet von langsamen Synkopen (Piu lento). Die Klarheit der Form sowie die Erkennbarkeit der Melodievorlage verleihen diesem Satz ein klares Profil. Die Fuge wurde nach seiner zweiten Konzertreise in Dänemark auf der Rückfahrt im Nachtzug zwischen Hamburg und Köln komponiert. Sie bringt im ersten Teil des Themas die Anfangstöne des gregorianischen »Ave Maris Stella«. Nach einer strengen Exposition folgen verschiedene Sequenzen, die, in Verbindung mit dem verspielten Gigue-artigen 6/8-Takt, der Fuge einen improvisatorischen Charakter verleihen. Die Hymne fasst noch einmal das Thema in majestätischen Non-legato-Akkorden im Fortissimo über einer bewegten Pedalstimme zusammen. Im Pedal erklingen Melodieteile in doppelten Notenwerten. Die toccatenartige Coda beendet das Werk in strahlendem D-Dur. Dem Komponisten gelingt in diesem beliebten Werk eine Synthese aus neobarockem, modalem und symphonischem Stil französischer Prägung. Flor Peeters hat dieses Werk oft in seine Konzertprogramme aufgenommen.

Die »Vlaamsche Rhapsodie« op. 37 (Flämische Rhapsodie) ist an Joseph Jongens »Sonata Eroica« op. 94 von 1930 angelehnt. Die Anlage des 1935 komponierten symphonisch-virtuosen Stückes ist dreiteilig. Das Stück ist gekennzeichnet durch eine moderne Tonsprache, energetische Rhythmen, non-legato aufsteigende Akkorde in Triolen, kraftvolle und farbenfrohe Registrierungen sowie eine

[48] Vgl. Peeters, Schroyens, Allegro energico, S. 85.

»Toccata, fugue et hymne sur ›Ave Maris Stella‹« op. 28

»Toccata, fugue et hymne sur ›Ave Maris Stella‹« op. 28

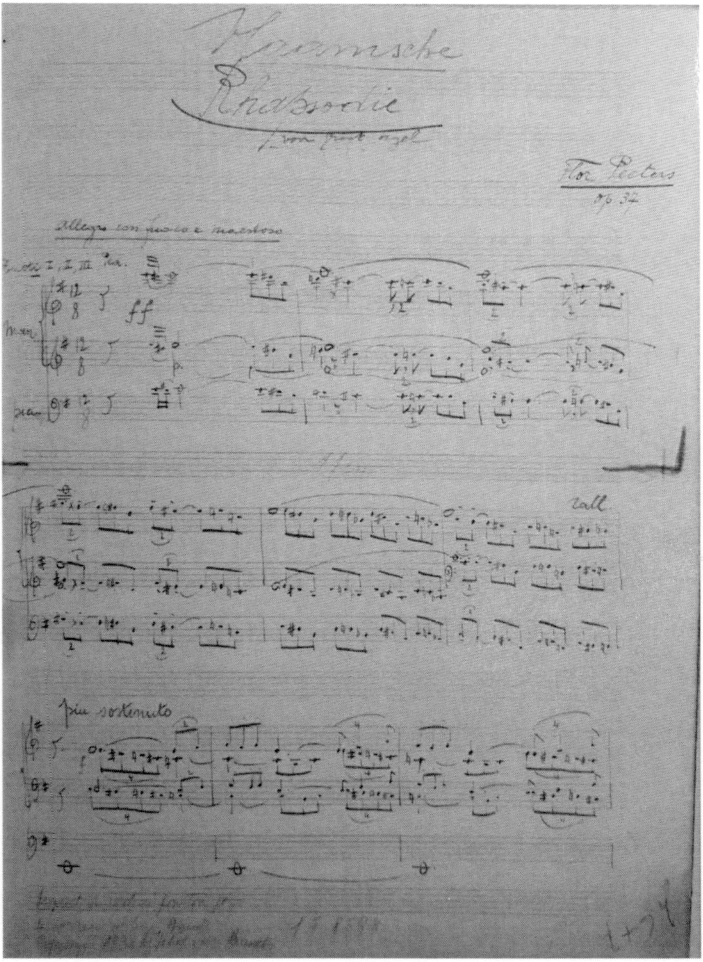

»Vlaamsche Rhapsodie« op. 37

herausgehobene Pedalbehandlung. Eine rezitierende Passage in Oktaven eröffnet das Werk, gefolgt von einem akkordischen, vom Wechsel zwischen Duolen und Triolen bestimmten Abschnitt. Durch Diminuendo und Halbschluss wirkungsvoll vorbereitet, wird zu Beginn des Mittelteils ein flämisches Volkslied (»Ik zag Cecilia komen«) vorgetragen (Registrierung: Bourdon 8', Gambe 8', Vox coelestis 8'), welches dann im Folgenden variiert wird. Charakteristisch für das gesamte Stück ist der Kontrast zwischen Chromatik/Ganztonharmonik und dem flämischen Volkslied.

Die »Elegie« op. 38 verfasste Peeters 1935 am Abend des Todes seiner Mutter. Sie stellt eine zutiefst emotionale Reaktion auf ihren Heimgang dar. Es gibt synkopierte Tonrepetitionen im Pedal (Ton D) und dramatisch dissonante Akkorde im Manual. Die dynamische Entwicklung geht bis zum Fortissimo der Orgel und wieder zurück ins Pianissimo. Am Ende wird das »In Paradisum« (»Zum Paradies mögen Engel dich geleiten«) aus dem gregorianischen Requiem zitiert, was der tröstenden und erlösenden Auferstehungshoffnung des christlichen Glaubens klingend Ausdruck verleiht.

»Passacaglia e Fuga« op. 42 wurde 1938 komponiert und ist seinem holländischen Freund und Kollegen Hendrik Andriessen gewidmet. Charakteristisch für dieses neoklassizistische Stück sind Polyrhythmus, Polytonalität und komplexe kontrapunktische Techniken. Johann Sebastian Bachs berühmte Passacaglia c-Moll BWV 582 stand hier Pate: Moll-Tonart, 3/4-Metrum, 8-taktiges Pedalostinato, charakteristischer Anfang mit Auftakt von der Tonika zur Dominante. Die 14 Variationen unterschiedlichen Charakters beginnen wenigstimmig und in ruhiger Bewegung, die sich aber bald steigert. Das Fugenthema ist aus dem Thema der Passacaglia entwickelt. Das Stück bringt am Ende das Thema in der Vergrößerung und schließt in einem hellen, majestätischen E-Dur.

Unmittelbar nach »Passacaglia e Fuga« op. 42 schrieb Flor Peeters 1938 die »Suite modale« op. 43, die zum vorangegangenen Opus einen denkbar großen Kontrast darstellt. Die vierteilige Suite ist im symphonischen Stil gehalten und stellt gewissermaßen ein (modales) Gegenstück zur »Suite Gothique« von Léon Boëllmann (1862–1897) dar. Der Aufbau ist ähnlich: Choral – Scherzo (Boëllmann: Menuett) – Adagio (Boëllmann: Prière) – Toccata. Der erste Satz ist ein prächtiger, majestätischer Choral mit vollen Akkorden und synkopisch geführtem Pedal. Das anschließende brillante Scherzo (A-B-A-C-A-

B-A) verlangt nach einer farbigen Registrierung. Das Adagio (dritter Satz) mit seiner schlichten Melodie stellt eine Reminiszenz an einen langsamen Satz in barocken Sonaten dar. Der vierte Satz ist eine virtuose Toccata im französischen Stil mit dem ersten Thema im Pedal und dem zweiten Thema als Kanon zwischen Sopran und Bass. Das erste Thema kommt regelmäßig wieder und erscheint am Schluss in vollem Glanz.

Die »Sinfonia per organo« op. 48 wurde von Peeters 1940 geschaffen und ist seiner Frau Marieke gewidmet. Die Uraufführung fand am 13. August 1941 im Dom zu Utrecht statt. Es ist seine erste Orgelsymphonie. Der italienische Titel soll auf die Barockmusik mit ihren Merkmalen Polyphonie und Ornamentik verweisen, die in diesem Werk erscheinen. Der erste Satz in Sonatenform hat ein lebendiges erstes Thema und ein melodiös-expressives zweites Thema. Der zweite Satz (Adagio) ist eine Reminiszenz an die langsamen Mittelsätze in Bachs Triosonaten für Orgel. Nach der Fantasia (Allegro con fuoco) im dritten Satz finden wir im vierten Satz eine der komplexesten Fugen, die Flor Peeters je komponiert hat. Insgesamt erinnert das Werk an Max Reger, von dem Peeters verschiedene Orgelkompositionen im eigenen Konzertrepertoire hatte, was einmal mehr seine stilistische Offenheit und Vielseitigkeit unterstreicht, spielen doch bis heute die Werke Regers im belgischen und französischen Musikleben eine eher bescheidene Nebenrolle.

Die »Aria« op. 51 entstand 1945 und gehört zu den bekannteren Werken von Peeters. Eine lyrisch-melancholische Melodie (Cantabile) wird von Akkordwiederholungen im mixolydischen Modus begleitet. Die »Aria« ist eine Transkription des langsamen Satzes der »Sonate für Trompete und Klavier« op. 51 von 1943.

Im Jahr 1955 schrieb Peeters das virtuose »Concert Piece« op. 52a, welches aus Themen des 1944 komponierten »Konzertes für Orgel und Orchester« op. 52 besteht. Das Stück beginnt mit einem Pedalsolo, gefolgt vom Hauptthema (aus dem dritten Satz des Konzertes) mit seinem charakteristischen Septimensprung und einer toccatenartigen Passage. Das »Poco cantabile« (mit dem Choralthema vom dritten Satz des Konzertes) stellt einen Ruhepol dar, bevor das Stück in brillanter Manier endet. Flor Peeters hat das »Concert Piece« oft gespielt, weist es doch zahlreiche Merkmale seines eigenen Orgelspiels wie technische Virtuosität, sparsamer Einsatz von Rubato und eine hohe Registrierkunst auf.

»Concert Piece« op. 52a (EP 6077)

Einem amerikanischen Kompositionsauftrag verdanken wir die »Variations on an original theme« op. 58 von 1945. Der Schwierigkeitsgrad des Werkes ist relativ einfach. Das Thema stammt vom Komponisten selbst, was die Bezeichnung »original« im Titel andeutet. Die Variationen sind kurz und abwechslungsreich. So sind beispielsweise die zweite und sechste Variation von einprägsam lyrischer Art in bester Peeters-Manier, während die fünfte Variation (Allegro Vivace) an eine Toccata im Stile von Dupré gemahnt. Die letzte Variation (Allegro Maestoso) enthält eine virtuose Pedalpassage und schließt das ganze Werk wirkungsvoll ab.

Flor Peeters zählte die »Lied-Symphonie« op. 66 zu seinen besten Kompositionen im symphonischen Stil. Über der Partitur steht: »Benedicant te coeli, terra et omnia quae in eis sunt«. Es ist »a hymn of thanks of living nature to the Creator«. Es handelt sich um ein Dankgebet der Natur an ihren Schöpfer, an Gott. Die fünf Sätze sind auch eine Hommage an die Natur. Inspiriert von seiner Amerika-Tournee 1947 komponierte Peeters die Symphonie im Frühjahr 1948. Jeder der fünf Sätze (Lieder) ist einem amerikanischen Organisten gewidmet, dem er auf dieser Konzertreise begegnet war, so z. B. Richard Purvis oder Virgil Fox. Das Werk erschien 1950 bei

C.F. Peters, New York, und stellt das symphonische Hauptwerk für Orgel solo von Flor Peeters dar. Das »Lied to the Ocean« (Erster Satz) ist eine kraftvolle Beschreibung des majestätischen (atlantischen) Ozeans mit seinen Wellen, was durch breite, harmonisch reiche Akkorde und ruhig strömende Linien über ausdauernden Orgelpunkten dargestellt wird. Das mystische, Einsamkeit und Weite darstellende »Lied to the Desert« (Zweiter Satz) ist geprägt durch kleine koloristische und exotische Motivglieder. Im Pedal, mit Flöte 2' gespielt, erklingt quasi eine »Fata-Morgana«-Melodie. Kalifornien, das Land der Blumen und Früchte, der warmen Erde und des kühlen Grases wird im dritten Satz »Lied to the Flowers« mit freien Rhythmen und einem beschließenden Choralsatz besungen. Majestätisch und feierlich klingt das »Lied to the Mountains« (Vierter Satz) im Prinzipalchor der Orgel. Die breite Melodie zeichnet in großen Kurven die Merkmale der Landschaft (Berge) nach. Der fünfte Satz »Lied to the Sun« ist eine brillante Toccata, die eine Hymne an das natürliche und übernatürliche Licht ist. Der Dualismus der Themen Licht und Schatten evoziert eine Kontrastwirkung in Dynamik und Registrierung. Die Coda ist eine majestätische Affirmation des blendenden Lichts. Insgesamt haben wir es bei dieser Symphonie durchaus mit Orgel-Programmmusik zu tun.

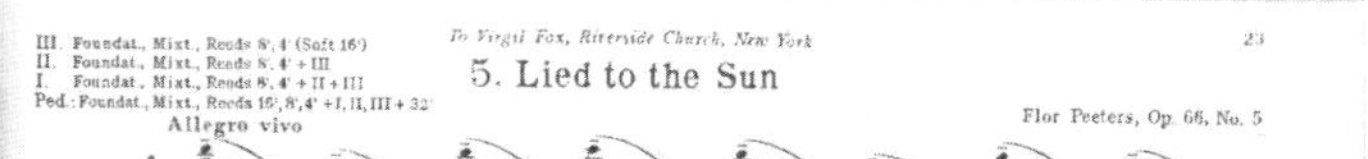

»Lied to the sun« op. 66,5 (aus EP 6002)

Die »Drei Praeludien und Fugen« op. 72 wurden 1950 im Auftrag des Schott-Verlags verfasst und erfuhren ihre Uraufführung 1951 in München. Der Stil, der in Kirchentonarten komponierten Stücke, könnte als neoklassizistisch bezeichnet werden. Das erste Paar op. 72,1 steht in F-Lydisch; das Präludium ist in Trio-Form; die Fuge nimmt das thematische Material des Präludiums wieder auf. Das zweite Paar op. 72,2 steht in F-Dorisch und ist von ruhig-lyrischer Art. Das dritte Paar op. 72,3 steht in A-Mixolydisch. Das Präludium ist toccatenartig und hat Solopassagen im Pedal. Die kunstvoll-beschwingte dreistimmige Fuge besticht trotz ihrer Linearität mit einer großen Selbständigkeit der Stimmen. Die Komposition dieser melodisch und harmonisch archaisierenden und kontrapunktischen Meisterwerke kann durchaus mit dem Bach-Gedenkjahr 1950 (200. Todesjahr) in Verbindung gebracht werden.

Die »Six lyrical Pieces« op. 116 wurden 1966 komponiert und stellen eine Synthese zwischen symphonischem und neoklassischem Stil dar. Klare Formen und linearer Kontrapunkt bestimmen die Stücke: 1. Grave – Introduktion (feierlich), 2. Duo for Flutes and Cromorne – Scherzo (spielfreudig), 3. Contemplative Canzona – Meditation (ruhig), 4. Invocation – Fanfare (dramatisch), 5. Lyrical Canticle – Cantilena (friedlich), 6. Trumpet-Tune – Postludium (festlich).

Die »Paraphrase on Salve Regina« op. 123 wurde 1973 geschrieben und darf zum Spätwerk gerechnet werden. Das virtuose Stück in Form eines italienischen Orgel-Ricercars paraphrasiert die Worte des »Salve Regina« in kontrastierenden Abschnitten. Das Werk beginnt mit der solistischen Vorstellung des Themas im Doppelpedal, bevor es dann auf dem Hauptwerk im Fortissimo erklingt. Es folgen die einzelnen Verse der Marianischen Antiphon in verschiedenen Abschnitten. Gewidmet ist das Werk der britischen Orgelvirtuosin Jennifer Bate, der es von Peeters quasi auf den Leib geschrieben wurde.

»Ricercare« op. 134 entstand 1982 und zählt ebenfalls zum Spätwerk. Hier fasst der Komponist noch einmal wichtige Elemente seines Stils zusammen: Modale, von Sept- und Nonparallelen sowie Quartenakkorden geprägte Harmonik und eine rhythmisch schlichte Melodik. Ungewöhnlich ist der Ambitus der melodischen Phrasen, der über zwei Oktaven hinausgeht. Die Form des Stückes ist recht frei, fast rhapsodisch. Solo-Rezitative erinnern an Messiaen, akkordische Passagen an Louis Vierne und Charles Tournemire. Ebenfalls in der französischen Tradition stehen die Vortragsbezeichnungen wie legato, non legato sowie präzise Anweisungen zur Agogik und zum Schweller-Gebrauch. Auf den Beginn in ruhigen Halben folgt ein Abschnitt im Berceuse-Charakter, der wie der Mittelteil (Andante energico) in rezitativische Passagen mündet. Eine Variation des Anfangsthemas mit nachfolgender Coda beschließt das Werk.

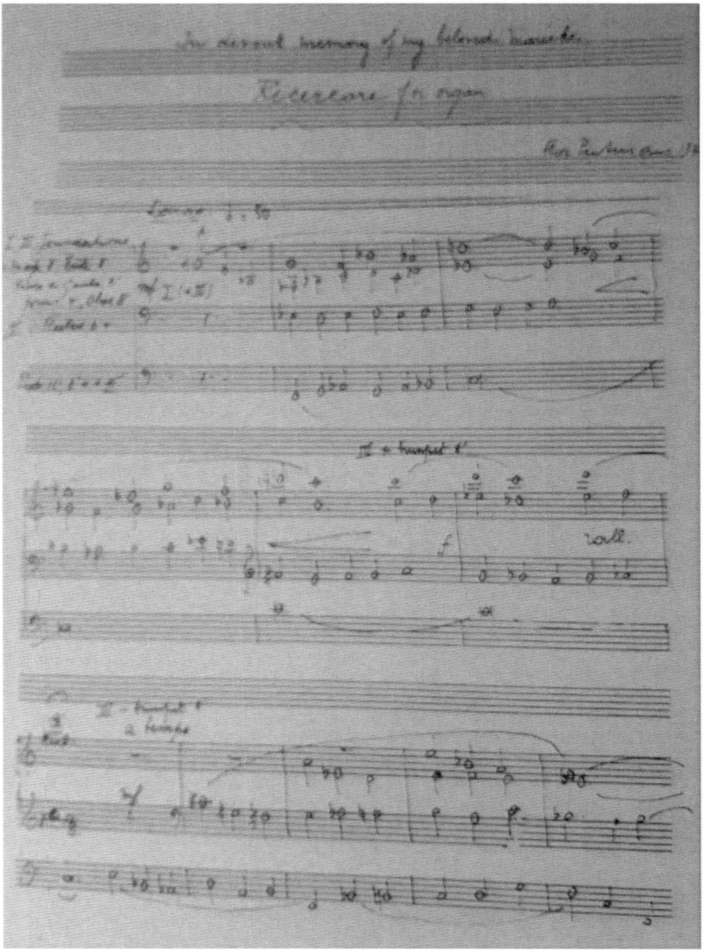

»Ricercar for organ« op. 134

Choralbearbeitungen für Orgel

Bei ungefähr 340 der mehr als 450 Orgelwerke handelt es sich um Choralvorspiele, die ihren vornehmsten Platz in der katholischen Liturgie oder im evangelischen Gottesdienst haben. Die Werke weisen eine Vielfalt von Formen und Möglichkeiten der Choralbearbeitung auf. Neben dem meist mäßigen Schwierigkeitsgrad der Stücke ist der Ökumene-Aspekt in den Vorspiel-Sammlungen bemerkenswert. Als Melodievorlage dienen Stücke aus dem gregorianischen Repertoire sowie Choräle aus der protestantischen und katholischen Tradition.

Die im Schott-Verlag erschienenen »Zehn Orgelchoräle« op. 39 wurden im Winter 1935/1936 komponiert und sind alle im Neobarock-Idiom gehalten. Die Choralbearbeitungen sind an Bachsche Formen angelehnt, werden aber durch eine kühne Harmonik, Chromatik und Polytonalität neu interpretiert und weitergeführt. Als Vorlage dienten bekannte altniederländische Lieder aus dem 15. und 16. Jahrhundert. Jedes Choralvorspiel widmete Peeters einem bedeutenden europäischen Organisten, dem er beim Internationalen Kongress für katholische Kirchenmusik in Frankfurt begegnet war. Es finden sich so illustre Namen wie Maurice Duruflé, Joseph Ahrens, Hermann Schroeder oder Josef Zimmermann. Hier einige charakteristische Beispiele aus der Sammlung: »Hirten, er ist geboren« op. 39,2 ist auf zwei Manualen zu spielen, während der Cantus firmus in Tenorlage im Pedal erklingt. Der fröhlichen Melodie entspricht ein energisches Allegro im konzertanten Stil. »Nun sei willkommen, Jesus, lieber Herr« op. 39,3 ist nach dem Vorbild Bachs und Dieterich Buxtehudes gestaltet und bringt die verzierte Melodie im Sopran in charakteristischer Cornett-Registrierung. »Uns ist geboren ein Kindelein« op. 39,4 bringt die Melodie im Tenor. Eine getragene Berceuse im 12/8-Takt kreiert in »Maria sollte nach Bethlehem gehen« op. 39,5 eine mystische Atmosphäre.

Die Choralvorspiele op. 68, op. 69 und op. 70 wurden zwischen Dezember 1948 und August 1949 im Auftrag des Verlegers Walter Hinrichsen (C.F. Peters Verlag, New York) unmittelbar nach der zweiten Konzertreise durch die Vereinigten Staaten komponiert und erschienen nicht zufällig, sondern durchaus gewollt im Jahr 1950, dem 200. Todesjahr von Johann Sebastian Bach. Es handelt sich um Bearbeitungen protestantischer Choräle. Die drei Bände beinhalten jeweils zehn Stücke inklusiv einer Partita. Die Maßgabe des

Verlegers war, dass die Stücke »nicht zu lang, nicht zu schwer und nicht zu modern« sein sollten. Flor Peeters hat diese Vorgaben in bewundernswerter Weise erfüllt. Hier einige charakteristische Beispiele: In »O Gott, du frommer Gott« op. 68,2 wird die Melodie zunächst in umspielter Weise im vierstimmigen Satz eingeführt. Dann folgt der Cantus firmus im Tenor. Dieses, stilistisch an Johannes Brahms erinnernde Stück in E-Dur strahlt mit seiner sanften Registrierung große Ruhe aus, ebenso wie das folgende »Nun ruhen alle Wälder« op. 68,3.

»Now rest beneath« –
»Nun ruhen alle Wälder« op. 68,3 (aus EP 6023)

Bei »Ach bleib' mit deiner Gnade« op. 68,4 befindet sich die sparsam verzierte Melodie im Sopran, während sich das musikalische Geschehen in den Mittelstimmen bewegt; die rhythmischen Figuren wechseln zwischen Alt und Tenor. »Wachet auf, ruft uns die Stimme« op. 68,5 erinnert stark an die gleichnamige Choralbearbeitung von Johann Sebastian Bach in den Schübler-Chorälen (BWV 645). In »Jesu, meine Freude« op. 68,6 wird die menschliche Sehnsucht nach Gott zum Ausdruck gebracht. »Wie schön leuchtet der Morgenstern« op. 68,7 ist ein Trio für zwei Manuale und Pedal (4') mit dem Cantus firmus in Tenorlage. Das frische Stück verlangt nach einer differenzierten Phrasierung. Bei »Alles ist an Gottes Segen« op. 68,10 handelt es sich um eine fünfteilige Partita (Choral dreistimmig, zwei Duos, Andante cantabile mit Thema im Tenor, Choralmelodie im Mixturplenum). In »Nun danket alle Gott« op. 69,1 wird der musikalische Kern der Melodie (d-d-e-e-d) triumphierend vorgestellt und mit Zwischenspielen versehen, die in einem imitatorisch-spielerischen Concerto-Stil gehalten sind. Im »Vollen Werk« erklingt das Choralvorspiel über »Komm', Gott, Schöpfer, Heiliger Geist« op. 69,9. Im Manual finden wir schnelle durchsichtige Figuren, während die Melodie im Pedal geführt wird. Die Melodie stammt aus dem »Erfurt Enchiridion« von 1524. Martin Luther übertrug das gregorianische »Veni Creator Spiritus« ins Deutsche. Auch bei »Ein feste Burg ist unser Gott« op. 69,10 stammt die textliche Grundlage von Martin Luther. In dieser prachtvollen Choral-Fantasie finden sich zunächst zwei dreistimmige Fugati mit Melodieabschnitten im Pedal. Der Maestoso-Schluss mit wuchtigen Akkorden erklingt im Tutti der Orgel.

Die »Chorale Preludes on Gregorian Hymns« (»30 Choralvorspiele über gregorianische Hymnen«) op. 75, op. 76 und op. 77 zeigen Flor Peeters wiederum als Meister der kleinen Form. Das Format der Sammlung entspricht der Werkgruppe der 30 Choralvorspiele op. 68–70, die ja eine begeisterte Aufnahme erfahren hatte. Die drei Bände erschienen in den Jahren 1954 bis 1956. Die nachimpressionistisch sensible Kompositionsart erschafft hier ebenfalls eine große Formenvielfalt und verrät zugleich ein tiefes Eindringen in das Wesen des gregorianischen Chorals. Beispielhaft sei die Partita über »Veni creator spiritus« op. 75,6 kurz dargestellt: Die Partita hat sieben kurze Sätze (dem Text entsprechend) und bedient sich einer recht konventionellen Tonsprache. Alle Sätze, außer Satz Nr. 5 (Adagio; F-Dur) sind rein mixolydisch. Die recht kurze Partita weist einen relativ niedrigen Schwierigkeitsgrad auf. Im ersten Satz (Andante) wird der Hymnus schlicht im vierstimmigen Satz harmonisiert. Der zweite Satz (Andantino) ist ein Bicinium mit einem Kanon in Achtelbewegungen. Der dritte Satz (Allegretto) im 9/8-Takt ist dreistimmig und manualiter auszuführen. In beiden Oberstimmen finden sich imitatorische Elemente. Nach dem leicht bewegten vierten Satz (Con moto) folgt der fünfte Satz (Adagio) mit dem Cantus firmus im Pedal und imitatorischen Begleitstimmen in den

Manualen. Der sechste Satz (Andante) ist eine ruhige Fughette mit dynamischer Steigerung am Schluss. Der siebte Satz (Allegro maestoso) ist eine dankbare Toccata im französischen Stil mit dem Cantus firmus im Pedal.[49]

Quantitativ gesehen stellt die Werkgruppe »Hymn Preludes for the Liturgical Year« op. 100 mit 213 Stücken in 24 Bänden Peeters' größtes Opus dar. Die Sammlung wurde in den Jahren zwischen 1959 und 1966 komponiert und ist 24 verschiedenen Organisten gewidmet. Die zu verwendenden Choräle wurden von Walter Buszin ausgewählt und sollten ein breites Spektrum an Gesängen der wichtigsten in Amerika vertretenen christlichen Konfessionen abbilden. Auch hier herrscht ein moderater Schwierigkeitsgrad vor. Wie in den anderen Choralvorspiel-Sammlungen von Flor Peeters finden sich auch hier eine Vielzahl musikalischer Formen: Fugen, Toccaten, Partiten, Stücke mit coloriertem Cantus firmus etc.; auch hier erleben wir den Komponisten als kreativen Schöpfer kleiner Formen, die aber in der gottesdienstlichen Organisten-Praxis gute Dienste leisten können und sich in ihrem modellhaften Charakter als gute Anregung zu eigenen Improvisationen eignen. Die Besonderheit dieser Sammlung liegt auch darin, dass es wohl zum ersten Mal in der Geschichte der Orgelmusik von ein und demselben Komponisten unternommen wurde, das gesamte Kirchenjahr systematisch mit 213 entsprechenden Choralvorspielen zu bedenken, was diesem Opus magnum einen durchaus enzyklopädischen Charakter verleiht. Man findet neben französischem Klangkolorit auch eine archaisierende Tonsprache, Terzen-, Quarten-, Sexten- und Quartsextakkordparallelen, polyphone Linearität mit modaler Melodik, Polyrhythmik und Polytonalität sowie verschiedenste Kompositionsmodelle und Formen, die sich jedoch nie in kontrapunktischen Spitzfindigkeiten verlieren. Es gibt schlichte Choralsätze, Zweistimmigkeit, Pedalsoli, Manualrezitative und mehrsätzige Partiten. Alle Stücke, ob meditativ oder eruptiv-bewegt, zeichnen sich durch musikalische Beredsamkeit sowie durch formale und aussagemäßige Geschlossenheit aus. Die Registrierangaben fordern die Orgel in all ihren dynamischen Möglichkeiten vom zartesten pianissimo bis zum rauschenden Tutti. Ein kleiner Wermutstropfen für die europä-

[49] Vgl. Christoph Grohmann, »Kleine Werkschau: Orgelkompositionen zum Hymnus Veni, Creator Spiritus [5]«, in: Musica Sacra 118, Nr. 1 (1998), S. 33.

ischen Organisten stellt die Tatsache dar, dass die meisten der verwendeten Melodien in unseren Breiten doch eher unbekannt sind und diese in ihrer Mehrzahl die konfessionell und territorial bestimmte Tradition der Vereinigten Staaten von Amerika widerspiegeln. Die Stücke dieser bemerkenswerten Sammlung eignen sich für die Verwendung in Liturgie und Konzert.

Flor Peeters komponierte zahlreiche kurze Stücke mit geringem Schwierigkeitsgrad (oft manualiter), die meist in Sammlungen veröffentlicht wurden, oft einen didaktischen Hintergrund haben oder im Gottesdienst, auch an kleineren Orgeln, Verwendung finden können. Die Tonsprache dieser freien, nicht choralgebundenen Stücke ist stets gemäßigt modern und auch alle anderen musikalischen Parameter verweisen auf ihren Komponisten. Die vollständige Auflistung aller Orgelwerke findet sich in der Werkliste. Hier einige Beispiele: »35 Miniaturen voor orgel« op. 55 (1945), »Manuale« op. 79 (1954), »Praeludien und Hymnen« op. 90 (1958) – 16 Orgelstücke in den Kirchentonarten, »Praeludiale« op. 113 (1964) – 16 einfache Praeludien für Orgel ohne Pedal und »Zehn Inventionen« op. 117 (1969) – zum liturgischen Gebrauch.

Sonstige Werke

Neben einer Vielzahl von Orgelwerken komponierte Flor Peeters auch zahlreiche Werke für Chor, Sologesang, Klavier und Kammermusik. Stilistisch unterscheiden sich diese nicht von seinen Orgelwerken. Im Folgenden seien einige charakteristische Werke etwas näher vorgestellt.

Chorwerke

Flor Peeters komponierte im Lauf seines Lebens insgesamt zehn Messen, in denen die Gesangsstimmen stets von der Orgel begleitet werden. Es finden sich Messen von der Ein- bis zur Fünfstimmigkeit in der Chorbesetzung. Diese Orgelmessen sind meistens homophon und oft mit Chor-Unisono-Stellen sowie Passagen für einzelne Stimmen (keine Soli!) versehen. Scharfe Dissonanzreibungen werden vermieden und entstehen höchstens im Zusammenklang mit dem Orgel-Begleitsatz. Die Messen und geistlichen Chorwerke von Flor Peeters weisen meist eine gemäßigt moderne, herbe Harmonik auf. Es findet sich in diesen Chorwerken neben archaischen Quart- und Quintklängen häufig impressionistisch anmutende Klangmalereien unter gleichzeitig weitgehendem Verzicht auf ausgefallene Rhythmik.[50] In der allgemeinen kirchenmusikalischen Praxis sind die geistlichen Chorwerke und Ordinariums-Vertonungen von Flor Peeters bisher erstaunlich wenig präsent. Dabei liegen die Vorzüge für die Chöre (auch finanziell) auf der Hand: Man benötigt als Begleitinstrument lediglich die Orgel und kein Orchester. Weil keine Passagen für Sologesang vorgesehen sind, entfällt auch die Verpflichtung von Gesangssolisten. In der Aufführungsdauer bewegen sich fast alle Messen im Bereich von ca. 12–25 Minuten. Der Chorsatz ist bei den meisten Messen für normale Chöre gut darstellbar. Auch der Orgelpart ist meist einfach. Das Instrument sollte aber einen gewissen Fundus an Grundstimmen und ein großzügig besetztes Schwellwerk (mit Zungenregistern) haben, um symphonische Klangwirkungen erzielen zu können. In einem nicht zu kleinen Kirchenraum mit entsprechendem Nachhall werden die Werke ihre Wirkung auf die Zuhörer nicht verfehlen. Insgesamt kann man

[50] Vgl. Grohmann, »Die Kirchenkompositionen von Flor Peeters«, S. 27.

sagen, dass bei Chorwerken von Flor Peeters immer ein gutes Verhältnis zwischen Aufwand und Wirkung besteht, was diese Kompositionen besonders für die Liturgie als äußerst attraktiv erscheinen lässt. Die zahlreichen Motetten mit Orgelbegleitung sind zwei-, dreioder vierstimmig in der Besetzung der Gesangsstimmen.

Die »Missa in honorem Sanctae Lutgardis« op. 15 für zwei gleiche Stimmen und Orgel erklang zur Hochzeitsmesse von Marieke und Flor Peeters am 22. August 1928 in der Kathedrale zu Mechelen. Schon diese frühe Messe ist ein Meisterwerk. Stilistisch erinnert ihr modaler Impressionismus an Fauré und Debussy. Die quasi gregorianische Melodieführung ist in eine süffige Harmonik eingebettet. Gleiche Stilmerkmale weist die 1933 komponierte »Missa in honorem Regina pacis« op. 30 auf. Die Besetzung ist ebenfalls für zwei gleiche Stimmen und Orgel. Die Gesangslinie orientiert sich an der Gregorianik und die Orgelbegleitung steuert eine reiche harmonische Grundlage bei. Auch hier ist der Schwierigkeitsgrad für die Ausführenden gering. Flor Peeters gelingt es, wie so oft, mit minimalem Aufwand eine maximale Wirkung zu erzielen. Für die »Missa in honorem Sanctae Godelivae« op. 49 (1940) gelten ebenfalls die schon erwähnten Charakteristika. Die »Missa laudis« op. 84 erfuhr ihre Uraufführung am 16. November 1958 im Pontifikalamt zur Einweihung der Stevens-Orgel in der Kathedrale zu Mechelen. Ursprünglich hieß diese Ordinariums-Vertonung »Missa in honorem Sancti Johannis Baptistae«. Sie ist dem Chorsänger Jan van Mierlo zu seinem 50-jährigen Sängerjubiläum im Kirchenchor von Turnhout gewidmet. Der ursprüngliche Titel der Messe nimmt auf den Namen des Widmungsträgers Bezug, während die Feierlichkeit dieser Mess-Vertonung dem Anlass seiner Entstehung vollauf gerecht wird. Das Werk besticht durch eine farbige und homophone Satztechnik mit entsprechender Orgelbegleitung sowie durch gute Sangbarkeit der melodisch geführten Singstimmen. Es gibt zwei Besetzungsmöglichkeiten: entweder dreistimmig und Orgel oder vierstimmig und Orgel. Die bekannteste und am meisten aufgeführte Ordinariums-Vertonung von Flor Peeters ist sicherlich seine »Missa in honorem Sancti Josephi« op. 21. Sie wurde 1929 zunächst für drei gleiche Stimmen und Orgel anlässlich einer Konzertreise nach Dänemark komponiert und 1931 für vier gemischte Stimmen und Orgel bearbeitet. Gewidmet ist die Messe Monsignore Joseph Brems, Bischof und Primas der katholischen Kirche Dänemarks. Brems, ein

»Gloria« aus »Missa in honorem Sancti Josephi« op. 21 (S 1677)

Belgier, war früher Organist der Abtei von Averbode gewesen. Die schlichte, aber eindrucksvolle Messe ist ganz im Geiste des Motu proprio (1903) von Papst Pius X. komponiert, was bedeutet, dass eine Kirchenkomposition in ihrem Geist und ihrer Stimmung dem Wesen des Gregorianischen Chorals oder der klassischen Vokalpolyphonie verpflichtet sein sollte. Das in diesem Sinne geradezu modellhafte Werk hinterlässt mit seiner archaischen Harmonik und der zum Ausdruck kommenden tiefen Religiosität einen nachhaltigen Eindruck. Die Messe erschien in drei verschiedenen Verlagen: Ledent (Belgien), Schwann (Düsseldorf) und McLaughlin & Reilly (Boston, USA). In der Kirchenmusik-Zeitschrift *Caecilia* war im September 1948 zu lesen: *»Here is a gem of a Mass … I would like to see this Mass in the repertoire of every good choir in the land. A model of the modern style of Sacred Music, so necessary in the future progress of Catholic Church Music, this Mass is well rounded in all departments«.*

Flor Peeters komponierte sein ambitioniertestes und umfangreichstes Werk für Chor, die »Missa Festiva« op. 62, im Jahr 1947 und widmete sie seinem Kollegen Jules Vyverman und dem Domchor in Mechelen. Die Uraufführung war am Weihnachtstag des Jahres 1949. Die Besetzung ist ein fünfstimmiger Chor mit Orgelbegleitung. Wie so oft bei Peeters finden auch hier modale Tonalität, gregorianische Motive, Unisono-Linien der Singstimmen, Quart- und Quintklänge, organumhafte Begleitung, parallele Akkorde, variierende Wiederholungen und der Wechsel homophoner und kontrapunktischer Passagen Anwendung. Auch dieses effektvolle Werk ist für die Aufführung innerhalb einer Messfeier gedacht. Das »Te Deum« op. 57 liegt in einer Fassung für drei gleiche oder für vier gemischte Stimmen und Orgel vor. Es handelt sich um eine Auftragskomposition für die Schwestern-Kongregation des Heiligen Josef Calasanz in Vorselaar (Belgien) anlässlich des 125-jährigen Bestehens der Kongregation im Jahr 1945. Die Satzweise entspricht der frühen niederländischen Polyphonie mit einer meist homophonen und melodischen Führung der Singstimmen, die eine Verwandtschaft zum Gregorianischen Choral aufweisen. Charakteristisch sind herbe Motive, eine erweiterte Harmonik, häufiger Gebrauch von Quinten und Rückungen an dramatischen Stellen. Die Orgel tritt eigenständig und selbstbewusst, auch in der Vielfalt der verschiedenen Klangfarben der Registrierungen, in Erscheinung. Chor und Orgel gehen in dieser Vertonung des ambrosianischen Lobgesangs eine

Te Deum

Ausgabe B: Für vierstimmigen Gemischten Chor und Orgel

Edition Schwann · Musikverlag · Frankfurt S 2155
Bestell-Nr. S 2155

»Te Deum« op. 57a (S 2155)

»Te Deum« op. 57a (S 2155)

enge Verbindung ein. Das »Te Deum« von Flor Peeters ist eine feierliche Kathedralmusik im Geist der »Ecclesia triumphans« (»triumphierende Kirche«). In den *Jülicher Nachrichten* stand am 9. März 1976 nach einer Aufführung des Werkes folgende Beschreibung: *»Die herbe Schönheit der Motive fand ein Ebenbild in der erweiterten Harmonik, die durch besonders häufigen Gebrauch von Quinten und Rückungen an dramatischen Stellen gekennzeichnet war«.*

Weitere Vokalwerke sind beispielsweise die »Quattuor Motetta« op. 7 von 1927 oder die »Kerstcantate naar Bethlehem« op. 32 für jeweils zwei gleiche Stimmen und Orgel. Bei beiden Werken handelt es sich um Gebrauchsmusik der besten Art. Die Singstimmen werden jeweils natürlich und textbezogen geführt und verbinden sich effektvoll mit dem harmonisch reichen Orgelpart zu einem stimmungsvollen und im Fall der Weihnachtskantate erfreulich unsentimentalen Gesamtwerk.

Eine amüsante Begebenheit in Bezug auf die Komposition von »Tu es Sacerdos« op. 78 soll nicht unerwähnt bleiben. Es handelt sich um die Brief-Korrespondenz zur Komposition dieser Motette. Reverend Harold Pavelis von der Saint Mary's Cathedral in St. Cloud, Minnesota schrieb am 9. Januar 1954 an Flor Peeters und wünschte sich eine Motette *»for two equal male voices, alternating in unison for the student body. Something in the style of the Te De-um … We should like to have it by the first Sunday of April … May Mary continue to bless your work for the Church in the field of Sacred Music.«* Am 1. April 1954, und dabei handelte es nicht um einen Aprilscherz (!), schrieb er nach Erhalt der Motette: *»For several weeks I have had the manuscript of your motet … However actual performance of your composition … would be practically impossible, fort two main reasons: 1. Length: there is not enough time; the service is about two hours already, and this motet would prolong it too much; 2. The technical demands of the music … For twelve measures the musical score demands that they sing on high E in unison with the highest tenor voices of the Choir. Such demands are absolutely impossible to fulfill …«* Peeters darauf am 7. April 1954: *»… it is ridiculous to pretend that a motet of about 5 minutes could be too long for a two hours service. Difficulty: as you asked, I wrote a motet which is not more difficult than the Te Deum. The high E you mean, is not a high note, it is a normal pitch for everybody who sings. By that I fulfilled your instructions and the work is done. It is the first time in my 30 years of artist that something like that happens. I have the feeling to be treated as a youngster. As we are treating the affair as a business, I have intentions to claim damages* *from you of $100. You may be sure, dear Father Pavelis, that I will instruct your hierarchical authorities about all this, and ask them if your behavior is that of a loyal catholic priest of the USA. May Mary prevent you from doing things like that; your manners are not directly suitable to give prestige to the Catholic Church.«*[51]

Honni soit qui mal y pense! Solche liturgisch-musikalischen Kleinkriege werden durchaus heute noch geführt. Auch der Verfasser dieser Zeilen und mit ihm ein Heer aus Klerikern und Kirchenmusikern könnten über derlei Vorfälle ein beredtes Zeugnis geben …

Besonders in den USA waren die Chorwerke von Flor Peeters beliebt und verbreitet, was auch seinen Herausgebern McLaughlin und Peters Edition zu verdanken war. Über die Gründe der Beliebtheit von Flor Peeters besonders in den Vereinigten Staaten wird noch an anderer Stelle zu sprechen sein. Viele seiner Vokal- und Instrumentalwerke waren Auftragskompositionen. Walter Hinrichsen von der Peters Edition, der mit Flor Peeters befreundet war, ermunterte ihn immer wieder zu neuen Werken. Peeters sagte einmal zu ihm: »Walter you overestimate me; I am not such a great composer as you think,« worauf Hinrichsen lakonisch antwortete: »Flor, it's possible but you are good enough for the Peters Edition.«[52]

Im Jahr 1959 komponierte Peeters im Auftrag des Verlegers Walter Hinrichsen die »Entrata festiva« op. 93. Im Untertitel steht: »Processional and Recessional», also Musik zum Ein- oder Auszug des Zelebranten und der liturgischen Dienste aus Anlass eines festlichen Gottesdienstes. Gewidmet ist diese beliebte und relativ häufig aufgeführte Festmusik seinem Schüler Leopold Sluys. Das Stück ist für die Besetzung Orgel und Bläser (zwei Trompeten, zwei Posaunen) geschrieben; Pauken und einstimmiger Chor (»Christus vincit! Christus regnat! Christus imperat!«) sind ad libitum, verstärken aber die erhabene Wirkung zusätzlich.

[51] Peeters, Schroyens, Allegro energico, S. 237.
[52] Ebd., S. 439.

ENTRATA FESTIVA
PROCESSIONAL AND RECESSIONAL

FLOR PEETERS, Op. 93

Edition Peters No. 6159

»Entrata festiva« op. 93 (EP 6159)

Lieder

Flor Peeters vertonte insgesamt ca. 150 geistliche wie weltliche Lieder. Es finden sich darunter Kunst-, Kinder-, Volks- und geistliche Lieder für den liturgischen Gebrauch oder im Konzert. Viele Lieder sind vom flämischen Volkslied inspiriert und weisen alle Charakteristika seines Kompositionsstils auf. Die frühen Kunstlieder sind allerdings noch stark impressionistisch geprägt. Erstaunlicherweise finden sich in Peeters' frühen Jugendwerken fast ausschließlich Liedvertonungen, was für einen Musiker, der später hauptsächlich als Organist und Orgelkomponist Bekanntheit erlangen sollte, eher untypisch erscheint. Er vertonte Gedichte von Jozef Simons, Guido Gezelle, Jan Hammenecher, Maurice Gilliams, Julia Teelkens, Albe (Renaat Joosten) und Alice Nahon, mit der seine Frau Marieke befreundet war. Der vierteilige Zyklus »Speculum Vitae« op. 36 von 1935 für Orgel und Gesang schildert in impressionistischer Farbgebung die Teile des Tages: Nacht, Morgen, Mittag und Abend. Das anspruchsvolle Werk stellt an die Ausführenden hohe technische und musikalische Anforderungen. Viele kleinere Liedkompositionen sind in verschiedenen Bänden der Liedersammlung *Het Vlaamsche Lied* zu finden.

Klavierwerke

Die Klavierwerke von Flor Peeters verfolgen besonders eine pädagogische Intention, wurden doch viele der Werke für seine drei Kinder Guido, Lieva und Frieda, die allesamt Klavier spielten, geschrieben. Sie beeindrucken durch Formenvielfalt, Fantasie und musikantische Frische. Viele Stücke nehmen in ihrem Titel und Charakter Bezug auf die kindliche Erfahrungswelt und stellen so gewissermaßen »Kinderszenen« musikalisch dar. Die »Suite für Klavier« op. 18 beispielsweise ist ein unterhaltsames, unbeschwertes Musikantenstück mit lyrisch-idyllischen Genrebildchen.

Instrumentalmusik

Neben einigen Werken für Kammermusik und für Carillon verdienen insbesondere die Konzerte unter Beteiligung »seines« Instruments, der Orgel, eine nähere Betrachtung. Das »Concerto for organ and piano« op. 74 von 1951 ist seiner ältesten Tochter Lieva, einer ausgebildeten Pianistin, gewidmet. Sie studierte Klavier bei Eugene Traey am Antwerpener Konservatorium. Das Werk ist quasi eine Konversation zwischen Vater (Orgel) und Tochter (Klavier). Dies erinnert an die früher komponierte »Ballade pour orgue et piano« von Marcel Dupré, welche dieser ebenfalls für seine klavierspielende Tochter Marguerite schrieb. Vater Flor und Tochter Lieva haben op. 74 leider nie zusammen aufgeführt.[53] Das Werk ist eine attraktive Bereicherung des schmalen Repertoires in dieser Besetzung. Peeters fertigte später eine Transkription für Klavier und Orchester an. Ein ebenfalls interessantes Stück stellt das kaum gespielte und in seiner Besetzung außergewöhnliche »Concertino for Positive Organ and Harpsichord« op. 122 von 1973 dar. Es ist seinen Freunden und ehemaligen Studenten Kamiel D'Hooghe und Raymond Schroyens gewidmet. Der Komponist versucht durch Verdopplungen und Oktavierungen im Cembalo dynamische Hilfestellungen zu geben, um klanglich mit dem Orgelpositiv mithalten zu können. Die drei Sätze (Allegro-Cantabile-Rondo) bieten neoklassische Spielmusik im Stil des frühen Hindemith und des mittleren Strawinsky. Das ganze Concertino ist in seinem Charakter sehr munter (»ben ritmico e giocoso«), aber bisweilen auch etwas spröde und trocken. Die »Suite-Quattuor für vier Posaunen« op. 82 von 1955 enthält vier kurze Sätze und stellt mit ihrer außergewöhnlichen Besetzung einen attraktiven Repertoire-Beitrag dar.

Eines der Hauptwerke des kompositorischen Schaffens von Flor Peeters ist sein »Konzert für Orgel und Orchester« op. 52. Peeters komponierte das Stück zwischen 1943 und 1944 hauptsächlich in der Prämonstratenser-Abtei Tongerlo bei Antwerpen, wo er untergetaucht war. Was war geschehen? Flor Peeters hatte sich mehrmals geweigert, während des Zweiten Weltkrieges in Deutschland aufzutreten, obwohl er von den deutschen Besatzern öfters dazu aufgefordert worden war. Im Jahr 1943 weigerte er sich, das Orgel-Gesamtwerk von César Franck in Köln darzubieten, woraufhin ein deutscher Offizier den Personalausweis von Flor Peeters zerriss. Peeters befürchtete Schlimmeres und fand in der Abtei, mit deren Abt er befreundet war, einen sicheren Ort zum vorläufigen Untertauchen und zum ungestörten Komponieren seines schon länger geplanten Konzertes für Orgel und Orchester. Es wurde am

[53] Vgl. Peeters, Schroyens, Allegro energico, S. 207.

31. Dezember 1944 fertiggestellt. Die Uraufführung mit dem Komponisten an der Orgel und dem belgischen Rundfunkorchester unter der Leitung von Daniel Stenefeld fand im Dezember 1945 statt. Die deutsche Erstaufführung war Ende November 1949 in Recklinghausen mit Josef Tönnes (Duisburg) als Solist. Das dreisätzige Werk hat eine Aufführungsdauer von ca. 35 Minuten. Flor Peeters spielte das Stück oft in Belgien sowie in Groningen (Niederlande) und Johannesburg (Südafrika). Nach einer rhythmisch stark akzentuierten und akkordisch gehaltenen »Introduzione« folgt der erste Satz »Allegro«, der das erste Thema fugenartig entwickelt. Nach einem Zwischenthema und der weiteren Entwicklung des ersten Themas kommt das zweite (lyrische) Thema. Es findet eine harmonische Entwicklung mit zwei großen Steigerungen statt. Das Allegro endet mit einer Wiederholung der Introduzione. Im Larghetto dialogisieren die Solostimmen der Orgel und des Orchesters. In der Cadenza finden sich virtuose Pedalsoli, rhythmisch stark ausgeprägte Motive und Tokkaten-Elemente, die das Hauptthema des dritten Satzes ankündigen. Im unmittelbar folgenden »Allegro vivace« wird das erste Thema kontrapunktisch behandelt. Dieser Satz hat drei Themen: Das erste ist stark rhythmisch geprägt, das zweite ist lyrisch klagend (Poco cantabile) und das dritte Thema ist ein Choral. Diese drei Themen werden vielfältig verarbeitet und markant gegeneinandergesetzt. Im »Allegro vivo e fermo« erscheint das Hauptthema dann in vollem Glanz. Das konzertante Prinzip des barocken Konzertes kommt bei diesem großartigen Werk voll zur Geltung. So schrieb die *Neue Ruhrzeitung* am 29. November 1949 anlässlich der deutschen Erstaufführung des Werkes: *»Das Werk weist Flor Peeters als einen überaus gewandten Kontrapunktiker aus. Es lebt von prägnanten und entwicklungsfähigen Themen, ist in der ganzen Anlage originell und bedeutet ohne Zweifel eine wertvolle Bereicherung der Literatur, wenn es auch keine neuen Offenbarungen enthält«.* Dieses beeindruckende Werk stellt neben den Konzerten für Orgel und Orchester seiner Zeitgenossen Joseph Jongen und Francis Poulenc eine herausragende Repertoire-Bereicherung für diese besondere Gattung dar. Flor Peeters erstellte 1952 eine Transkription für Orgel und Klavier.

Würdigung

Flor Peeters war in der Zeit von 1930 bis 1980 in Personalunion als Komponist, Organist und Pädagoge ein weltweit anerkannter Musiker. Seine musikalische Lebensleistung kann man in all ihren Ausformungen nur als »monumental« bezeichnen. Er ist hierin mit dem älteren Marcel Dupré vergleichbar. Im Weiteren soll hauptsächlich der Komponist Flor Peeters im Fokus einer näheren Betrachtung stehen, sowohl was den Kontext seiner Zeit als auch seine Nachwirkung in unserer Zeit betrifft.

Der Name »Flor Peeters« ist Programm. Der lateinische Ursprung seines Vornamens bedeutet »der Blühende« (Florentius), während der griechische Ursprung seines Nachnamens »Fels« (»petra«) bedeutet. Beide Begriffe charakterisieren mit ihren je eigenen Implikationen (wie beispielsweise »flos« – »Blume«) sowohl den Menschen Flor Peeters als auch seine Musik, die bisweilen felsenfest und unerschütterlich erscheint, um dann wieder floraler Duftigkeit, Farbigkeit, Leichtigkeit und Frische den Vorrang einzuräumen. In seinen Werken finden sich dafür unzählige Beispiele (Lied-Symphonie, Suite modale, Choralvorspiele etc.). Auch in seinem Wesen spiegeln sich beide Pole wider. Neben der Aufrichtigkeit und Unerschütterlichkeit seiner (auch musikalischen) Überzeugungen und Prinzipien zeigt sich bei ihm gleichzeitig eine unbeschwerte, leichte, heitere, sanfte und gütige Seite, welche seiner Persönlichkeit wirkliche Größe verleiht und die auf seine Mitmenschen auch ausstrahlte.

Flor Peeters wird heute wenig aufgeführt und kaum rezipiert. Es gibt dafür naheliegende Gründe, aber auch Zusammenhänge, die einer tieferen und umfassenderen Betrachtung bedürfen. Zunächst muss festgehalten werden, dass Peeters keine Musik für das Musiktheater und kaum Werke für ein Konzerthaus komponiert hat. Damit fällt er für ein interessiertes Konzertpublikum und das Feuilleton natürlich weitgehend aus und ist im allgemeinen Konzertleben schlichtweg nicht präsent. Dieser Sachverhalt erscheint leicht nachvollziehbar. Kritisch darf bemerkt werden, dass sich unter den unzähligen Kompositionen von Flor Peeters auch einige schwächere, etwas uninspiriert und routiniert wirkende Stücke befinden, was aber angesichts der Fülle an Werken aus seiner Feder kaum verwunderlich erscheint. Trotzdem kann der Vorwurf der »Vielschreiberei« im Raum stehen, was besonders im Hinblick auf einige der unzähligen

Choralvorspiele und der vielen kleineren Orgelwerke nicht ganz von der Hand zu weisen ist. Erstaunlich ist aber, dass auch seine vielen geistlichen Vokalwerke in der Liturgie oder im Geistlichen Konzert, von ganz wenigen Ausnahmen abgesehen, kaum aufgeführt werden. Nur einige wenige, meist die gleichen Orgelstücke werden bisweilen im Konzert dargeboten. In der Organistenausbildung, besonders im Hochschulbereich, spielen sie eigentlich keine Rolle und teilen damit das Schicksal der Werke von anderen Komponisten dieser Zeit, wie etwa Jean Langlais, Joseph Ahrens, Hermann Schroeder oder Hans Friedrich Micheelsen, deren Werke ebenfalls nicht en vogue sind. Auch in seinem Heimatland scheint das Interesse am großen Landsmann heute eher unterentwickelt bis gar nicht vorhanden zu sein. Begeben wir uns auf die Spurensuche nach den möglichen Gründen.

Insbesondere in der deutschsprachigen Musikwissenschaft wird die Geschichte der Neuen Musik primär unter den Kriterien des Neuen, des offensichtlich Innovativen in schroffer Abgrenzung zur Musik des 19. Jahrhunderts betrachtet. Wir finden auch heute noch eine einseitige Bevorzugung der sogenannten Wiener Schule (Schönberg, Berg, Webern) und der seriellen Musik. Nahezu vollständig ausgeblendet blieb und bleibt die Musik des 20. Jahrhunderts, die sich nur partiell oder gar nicht den avantgardistischen Strömungen anschloss. Der leicht abfällige Begriff der »gemäßigten Moderne« impliziert ja den eigentlichen Verrat an der Moderne. Die Emanzipation der Dissonanz belegt die Konsonanz mit einem Tabu. »Stets noch ist die atonale Musik die fortgeschrittenste dieser Tage« schreibt Theodor W. Adorno 1929 in der Zeitschrift *Anbruch* XI (UE, Wien 1929). Die Musik, die nicht gänzlich mit der harmonischen Tonalität gebrochen hatte, schloss sich somit selbst aus den als zeitgenössisch begriffenen Kompositionen und dem weiteren Diskurs aus. Dieser Makel scheint auch heute noch unaufhebbar zu sein. Jedoch ist die Zugehörigkeit zu einer der Richtungen der Avantgarde ebenso wenig ein Wert an sich wie der Nichtvollzug des radikalen Bruchs mit der Tradition einen darstellen würde. Das Streben nach permanenter Revolte und Umsturz des bisher Bestehenden hat in der Moderne ja zu vielen exzessiven Bemühungen geführt, die Darstellung idiosynkratischer Zustände und künstlerischer Weltanschauungen gleichsam zur Norm zu erheben. Die Theorie der Moderne scheint heute, auch aufgrund ihrer Dogmatisierungen, ungenügend und daher revisions- und ergänzungsbedürftig zu sein.

Man sollte sich der Tatsache nicht länger verschließen, dass es im 20. Jahrhundert neben den signifikanten Werken der Moderne auch künstlerische Eigenständigkeit und Originalität abseits der Avantgarde gegeben hat und gibt. Wie gesagt betreffen diese Phänomene hauptsächlich den mitteleuropäischen und hier besonders den deutschsprachigen Kulturraum. Das könnte auch erklären, warum ein Komponist wie Flor Peeters gerade im angelsächsischen Bereich, der in die beschriebenen Dogmatismen weniger verstrickt war, auf breitere Zustimmung stoßen konnte. In Ländern wie Großbritannien und den USA, mit Komponisten wie Benjamin Britten, John Rutter oder Leonard Bernstein, war und ist man in diesen musikalisch-stilistischen Fragestellungen weitaus toleranter und aufgeschlossener.

Treten wir nun auf dem Weg unserer Spurensuche, welche die (Nach-)Wirkung des kompositorischen Werkes von Flor Peeters beleuchten soll, in den Raum der Kirchenmusik und Theologie. Die Entmystifizierung der Liturgie und ihre damit oft einhergehende Banalisierung seit den späten 60er und 70er Jahren des 20. Jahrhunderts entzog Komponisten wie Flor Peeters oder Jean Langlais gewissermaßen die Bühne und Grundlage ihrer Kompositionen für die Liturgie. Die Liturgie sollte nicht mehr so »sakral« und »heilig« sein. Indem christlicher Liturgie die erhebende Festlichkeit abgesprochen wurde, nahm entsprechend auch die Musik einen alltäglicheren und profaneren Charakter an. Die Kunst und Musik, die bisher Feierlichkeit repräsentierte, erschien als museal und veraltet. Der Kirchenmusik war gewissermaßen ihr Subjekt, die feiernde Kirche, abhandengekommen. Diese Entwicklung hält in weiten Teilen unvermindert an und die Früchte dieser gewollten Entsakralisierung, Geschichtsvergessenheit und bewussten Vorenthaltung des Schönen sind allenthalben sichtbar. Ohne das »Sursum Corda« und die Ermöglichung der Erfahrung des Transzendenten und Nicht-Alltäglichen in der Liturgie verliert die Kirche die Herzen der Menschen. Die nun oftmals behauptete »Nähe zum Menschen« nimmt sich im Bezug zum dramatischen Schwund der Gottesdienstteilnehmer und der in den Gemeinden aktiv engagierten Menschen als geradezu grotesk aus. Interessanterweise findet der Gregorianische Choral gerade außerhalb der Kirchenmauern begeistert Anklang (beispielsweise die CD-Produktionen der Mönche aus Heiligenkreuz bei Wien) und die damit verbundene nicht »alltägliche« Liturgie gerade bei jungen

Menschen eine breite Resonanz. Trotzdem wird in weiten Teilen vieles, was den Jahrhunderte alten Schatz der Kirche repräsentiert, als »vorkonziliar« unter Generalverdacht gestellt. Die erneuerte Liturgie nach dem Zweiten Vatikanischen Konzil war nicht ursächlich schuld an dieser Entwicklung. Besonders in Deutschland, Österreich, Belgien, der Niederlande und der Schweiz wehte der sogenannte »Geist des Konzils«, der mit dem eigentlichen Konzil und seinen wegweisenden Texten kaum etwas zu tun hatte, in unerbittlicher Heftigkeit und fegte sehr vieles, was früheren Generationen heilig war, orkanartig hinweg. Vielerorts blieb langfristig eine Leere zurück, die man mit zahlreichen aktionistisch anmutenden Ersatzaktivitäten zu kompensieren suchte. In der rein pragmatisch und funktional ausgerichteten liturgischen Praxis ließ eine oft falsch verstandene »Participatio actuosa« (tätige Teilnahme der Gläubigen an der Liturgie) einer kunstvollen und ambitionierten liturgischen Musik keinen Platz mehr. Komponisten wie Flor Peeters, Olivier Messiaen oder Jean Langlais haben darunter sehr gelitten und diesen Zustand oft beklagt. Peeters etwa schreibt von *»einer Neuerungssucht und Eile, mit der einige moderne Möchte-gern-Liturgiesachverständige nun alles verändern wollten«*[54]. Weiter schreibt er: *»Wir müssen die Liturgieerneuerung als eine Evolution, die alten Regeln neue hinzufügt, ansehen, nicht aber als Revolution, die eine jahrhundertealte Tradition über Bord wirft. Gerade in diesem Punkte ist der Text der Konstitution klar und deutlich (Artikel 114!).«*[55] Papst Paul VI. sagte am 30. Juli 1965 bei einer Audienz in Castel Gandolfo: *»Wir können die Haltung derjenigen nicht billigen, die die durch das Konzil aufgeworfenen und besprochenen Probleme dazu benutzen, bei sich und anderen einen Geist der Unruhe und der radikalen Erneuerungssucht anzufachen, gerade so als ob das Konzil jeder einzelnen Privatmeinung die Gelegenheit gäbe, das Erbgut zu vernichten, das die Kirche in jahrhundertelanger Geschichte und Erfahrung erworben hat.«*[56] In diesem Sinne bemerkt Peeters: *»Die neue Richtung in der liturgischen Musik muss als Ergänzung des jahrhundertealten Kulturbesitzes, nicht aber als ein Umsturz des höchsten Schatzes christlicher Kirchenmusik verstanden werden. Darum werden Gregorianik, Polyphonie und Orgelspiel (…) für den Gottesdienst nicht nur beibehalten,*

[54] Flor Peeters, »Das Konzil – und wir Organisten und Chorleiter«, in: Musica Sacra 86, Nr. 11 (1966), S. 318.

[55] Ebd., S. 319.

[56] Ebd., S. 319–320.

sondern es ist der ausdrückliche Wunsch des Konzils, dass sie mit Liebe und Sorgfalt gehütet und gepflegt werden.«[57] Die geistlichen Chorwerke und ein Großteil der Orgelmusik von Flor Peeters kann nur im Denkhorizont des christlichen Glaubens und der (katholischen) Liturgie verstanden werden. Der »Sitz im Leben« dieser Musik ist die festliche (Kathedral-)Liturgie mit ihren zeremoniellen Abläufen (z. B. Ein- und Auszug des Klerus bzw. Bischofs), am Besten in einem großen (neo-)romanischen oder (neo-)gotischen Kirchenraum. Die Musik von Flor Peeters ist menschenzugewandt, kraftvoll, zart, mystisch, lebensbejahend und den Glauben freudig bezeugend. Sie berührt unmittelbar und dient der Erbauung des Menschen. Diese Musik atmet die Liebe zur Kirche und ihrer Liturgie, welche die heiligen Mysterien stets neu vergegenwärtigt. Dieser »Liebesdienst« der Musik an der Liturgie und den Menschen ist keine Einengung und künstlerische Selbstverleugnung, sondern wahre Erfüllung ihres Auftrags. Auch der empfangende Zuhörer im Sinne einer »Participatio actuosa« ist an der Wirksamkeit dieser Musik wesentlich beteiligt. Von seiner Seins-Situation während der Aufnahme der Musik in der Liturgie werden der Eindruck und die Richtung der Wirksamkeit des Kunstwerks bestimmt. Als intellektuell redlich gilt es heute vor allem, wenn man in Theologie und Musik Fragen stellt und dann, wenn überhaupt, eine mögliche Antwort bestenfalls in den Bereich des Subjektiven, aber keinesfalls Allgemeingültigen, verlagert. Die Musik von Flor Peeters hinterfragt weniger, als dass sie Antworten gibt und Bestehendes bekräftigt (z. B. die Credo-Vertonungen seiner Messen, denen er stets eine besondere Bedeutung zumaß). Diese selbstbewussten Affirmationen der in seiner Musik transportierten Inhalte mögen heutigen kritischen Zeitgenossen vielfach fremd und verstörend erscheinen. Es erscheint vielfach passender und aufgeklärter, an der Welt, am Glauben, an der Kirche und der eigenen abendländischen Geschichte zu leiden und die bestehenden Verhältnisse, jedoch weniger sich selbst, zu hinterfragen. Flor Peeters schöpft selbstverständlich aus den musikalischen Quellen einer großen Vergangenheit und lässt dann in seiner Musik die Schönheit der Schöpfung und des christlichen Glaubens aufklingen. Seine Orgelmusik als »Salonmusik für Orgel«[58] zu bezeichnen (*Basler Nachrichten*

[57] Peeters, »Das Konzil – und wir Organisten und Chorleiter «, S. 319.
[58] Peeters, Schroyens, Allegro energico, S. 190.

vom 12. September 1949 in Bezug auf die »Vlaamsche Rhapsodie« op. 37) und ihr damit gewissermaßen die Ernsthaftigkeit abzusprechen ist unredlich und verkennt grandios die Intention dieses durchaus ernsten Komponisten. Nach einem Orgelkonzert in der Nürnberger Sankt-Lorenz-Kirche schrieb Wilhelm Matthes in der *Nordbayerischen Zeitung* vom 8. Juni 1951 folgendes: *»Man möchte es … als ein Irrtum ansehen, dass Flor Peeters … seine Lied-Sinfonie als einen charakteristischen Beitrag seines Landes heranstellte. Das ist Programmmusik, die mit poetischen Gedanken auf eine reine stimmungsmäßige Wirkung angelegt scheint, ähnlich wie die in Erinnerung gebrachte Choralmusik von C. Franck. Wir müssten die Bestrebungen unserer ›neuen Orgelbewegung‹ verleugnen, wenn wir solchen rückfälligen Versuchen zu-stimmen wollten. Vor allem hat ein derartiges Genre nichts mit Kirchenmusik zu tun. Es ließe sich allenfalls auf das Orchester oder die Filmmusik übertragen.«*[59] In gewisser Weise könnte man dieser doch eher negativ gemeinten Kritik auch durchaus (vom Autor sicher nicht gewollte) positive Aspekte abgewinnen. Das Genre der Filmmusik hat sich doch vom Ruch des Unseriösen und Banalen befreien können und gilt heute zu Recht als eigenständige Kunstform. Die gelegentliche Leichtigkeit und Unbeschwertheit von Peeters' Musik mag manchen Bewohnern trockener Orgelreservate und elitär entrückter Elfenbeintürme anstößig erscheinen und dann natürlich im Sinne der eigenen Deutungshoheit abgelehnt werden. Dass Peeters in seiner Zeit ein durchaus erfolgreicher Komponist war, dessen Werke oft und gerne musiziert wurden, mag auch die Missgunst von Komponisten, deren Werke nur mit Hilfe von Subventionen und Förderprogrammen erklingen können und dann nach einmaliger Darbietung bestenfalls in der Schublade verschwinden, hervorrufen. Peeters hat sich dem damaligen musikalischen Zeitgeist nicht angedient und blieb seiner musikalischen Berufung und Mission stets treu.

Diese Gedanken können uns verstehen lassen, warum es die Werke von Flor Peeters in der musikalischen und Liturgie-theologischen Situation unserer Tage eher schwer haben und sich gleichsam am Rande des Geschehens befinden. Wie gezeigt, herrscht heute größtenteils ein profanes Verständnis von Liturgie vor. Dem Gottesdienst wird die Feierlichkeit und Herausgehobenheit aus dem Alltag weitgehend abgesprochen. In diesem Zuge soll auch die als zu

[59] Peeters, Schroyens, Allegro energico, S. 208.

»sakral« und »kultisch« empfundene Musik verschwinden und entsorgt werden. Flor Peeters war und ist andererseits kein Vertreter eines Ästhetizismus, der jede Dienstfunktion der Kunst und der Musik ausschließt und nur elitär um sich selbst kreist. Seine Musik hat aber im spannungsvollen Zwischenraum zwischen ästhetischem Elitarismus und einer oft sogar von Priestern und Theologen bevorzugten profanen und oft banalen Kirchenmusik einen schweren Stand. Am Anfang sakraler Musik sollte die Ehrfurcht, das Empfangen des auf uns gekommenen Erbes und die Demut zum Dienen stehen. Dass sich Flor Peeters als Komponist und (Kirchen-)Musiker die lehramtlichen Forderungen und Dokumente der katholischen Kirche zur Liturgie, wie etwa das Motu proprio von Pius X. (1903) oder die Liturgie-Konstitution des Zweiten Vatikanischen Konzils *Sacrosanctum Concilium* (1963) zu eigen machte und sich damit sogar noch identifizierte, ließ und lässt ihn in bestimmten Musiker- und Theologenkreisen zumindest als verdächtig, wenn nicht gar als hoffnungslos reaktionär erscheinen. Sollte man von einem »echten« Künstler und »mündigen« Christenmenschen nicht einen gewissen Widerspruchsgeist gegen die klerikalen Repressionen und nicht mehr »zeitgemäßen« Vorgaben im Bereich der Liturgie erwarten dürfen, zumal, wenn sie aus Rom kommen? Wenn man, wie Peeters, dann auch noch darüber hinaus freundschaftlichen Umgang mit dem Königshaus, insbesondere mit dem katholisch gesinnten Königspaar, pflegte, konnte das in der gesellschaftlichen Umbruchszeit der 1960er und 1970er Jahre durchaus zum Ausschluss aus dem künstlerisch-intellektuellen Diskurs führen. Neben den schon beschriebenen Eigenschaften seiner Musik lassen die erwähnten Zusammenhänge Flor Peeters als Künstlerpersönlichkeit bei zeitgenössischen Kritikern als nicht besonders attraktiv erscheinen. Trotzdem ist der Autor dieser Zeilen zutiefst davon überzeugt, dass das kompositorische Werk von Flor Peeters die Zeiten überdauern wird und die Menschen im Innersten berühren und aufrichten kann.

Flor Peeters war ein warmherziger und gütiger Mensch, der diese liebende und den Menschen zugewandte Grundhaltung in seinem Komponieren im Sinne eines »Cantare amantis est« – »Singen ist Sache der Liebe« (Augustinus) klingend zum Ausdruck gebracht hat. Diese Einheit von Mensch, Leben und Werk vermag auch heute noch zu beeindrucken. Auch in unserer Zeit können seine Werke im Geistlichen Konzert und in einer würdig gefeierten Liturgie ihre

Wirkung erzielen. Am Ende soll der »Mozart der Theologie«, der große Theologe und Kirchenlehrer Josef Ratzinger und spätere Papst Benedikt XVI. zu Wort kommen, der in seiner Brillanz das bisher gesagte, auch in Bezug zu Leben und Werk von Flor Peeters, auf den Punkt bringt und zusammenfasst: »Auch heute ist die Freude an Gott und die Berührung mit seiner Gegenwart in der Liturgie eine unerschöpfliche Macht der Inspiration. Die Künstler, die sich diesem Auftrag unterwerfen, brauchen sich wahrhaftig nicht als Nachhut der Kultur zu verstehen: Die leere Freiheit, aus der sie heraustreten, wird ihrer selbst überdrüssig. Die demütige Unterwerfung unter das, was uns vorangeht, setzt die wirkliche Freiheit aus sich heraus und führt uns zu der wahren Höhe unserer Berufung als Menschen.«[60]

[60] Josef Ratzinger, Der Geist der Liturgie, 6. Auflage, Freiburg im Breisgau 2002, S. 134.

Biografie – chronologisch

1903 geboren am 4. Juli

1914 Schüler am Gymnasium in Herentals

1915 Schüler am Institut Saint-Victor in Turnhout

1919 Beginn des Studiums am Lemmens-Institut in Mechelen

1921 Beendigung des Studiums mit höchster Auszeichnung

1923 Verleihung des Preises »Lemmens-Tinel« mit höchster Auszeichnung durch die Jury

Ernennung zum Assistenz-Organisten an der St.-Rombout-Kathedrale zu Mechelen

Komposition des ersten Orgelwerkes (»Vier Improvisationen über Gregorianische Choräle«)

1924 Einweihung der Orgel der St.-Rombout-Kathedrale am 17. Februar

1925 Ernennung zum Titular-Organisten der St.-Rombout-Kathedrale durch Erzbischof Desiré-Joseph Kardinal Mercier

Nachfolger seines Lehrers Oscar Depuydt als Professor für Orgel und Liturgisches Orgelspiel am Lemmens-Institut Mechelen

1926 Konzertdebüt im Konservatorium Brüssel am 1. März

1927 Besuch bei Marcel Dupré in Meudon

1928 erstes Konzert außerhalb Belgiens in Utrecht (Niederlande) am 4. April

Hochzeit mit Marieke van Gorp am 22. August

1929 Geburt des ersten Kindes (Guido) am 20. Juni

erste Konzerte in Dänemark

1931 Geburt des zweiten Kindes (Lieva) am 21. April

Ernennung zum Professor für Orgel am Königlichen Konservatorium in Gent

1933 Geburt des dritten Kindes (Frieda) am 23. Dezember

zweite Konzertreise nach Dänemark

Erstaufführung von »Toccata, fugue et hymne sur ›Ave Maris Stella‹« op. 28 in Scheveningen (Niederlande)

1934 erste Konzertreise nach Italien mit dem Chor der Kathedrale von Mechelen

erstes Konzert in Deutschland beim Internationalen Kongress für Kirchenmusik in Aachen

1935 Ernennung zum Professor für Orgel und Improvisation am Römisch-Katholischen Konservatorium in Tilburg (Niederlande)

Bach-Gedächtniskonzert im Dom zu Utrecht (Niederlande)

1936 erstes Konzert in Sainte-Clotilde, Paris

Erstaufführungen der »Elegie« op. 38, der »Vlaamsche Rhapsodie« op. 37 und der Choralvorspiele op. 39 bei Radio Brüssel

Erstaufführung von »Speculum Vitae« op. 36 bei der Internationalen Woche für neue Kirchenmusik in Frankfurt am Main

1937 zweites Konzert in Sainte-Clotilde, Paris

Louis Vierne-Gedächtniskonzert in der Kathedrale zu Mechelen (Übertragung durch den Niederländischen Rundfunk)

1938 Konzert von Flor Peeters und Charles Tournemire aus Anlass der Einweihung seiner Hausorgel am 16. Mai

Konzerte mit dem Aachener Domchor in Dortmund und Berlin

Erstaufführung der »Suite modale« op. 43 für Radio Brüssel

1939 Gedächtniskonzert für Charles Tournemire bei Radio Brüssel am 17. Dezember

Erstaufführung von »Passacaglia e Fuga« op. 42 in Aachen

Konzertreise durch die Niederlande

1941 Erstaufführung der »Sinfonia per organo« op. 48 für Radio Brüssel

1942 zweite Konzertreise durch die Niederlande

1943 Aufführung des ganzen Orgelwerks von César Franck in Gent und für Radio Brüssel

1945 Erstaufführung des »Concerto for organ and orchestra« op. 52 für Radio Brüssel

1946 erste Konzertreise durch Nordamerika

erste Konzerte in Großbritannien

1947 zweite Konzertreise durch Nordamerika

Konzerte in den Niederlanden mit ausschließlich Orgelwerken von Johann Sebastian Bach

1948 Ernennung zum Professor für Orgel am Königlich Flämischen Konservatorium von Antwerpen

erstes Konzert in der Tschechoslowakei (Prag) am 7. November

Konzertreise durch die Niederlande mit Werken von Bach und alten niederländischen Meistern

1949 Erstaufführung der »Lied-Symphonie« op. 66 in Antwerpen

erstes Konzert in Deutschland nach dem Krieg bei Radio Köln

erste Konzertreise in die Schweiz

1950 dritte Konzertreise durch Nordamerika

zweites Konzert in Prag

zahlreiche Konzerte mit Bach-Orgelwerken aus Anlass des 200. Todesjahres des Komponisten

1951 Konzertreise durch Deutschland

Erstaufführung der »Drei Praeludien und Fugen« op. 72 in München

1952 Ernennung zum Professor für Komposition und Direktor des Königlich Flämischen Konservatoriums Antwerpen

zweite Konzertreise durch Großbritannien

1953 vierte Konzertreise durch Nordamerika

Erscheinen der ersten Ausgabe seiner Orgelschule »Ars Organi«

Erstaufführung des »Concerto for organ and piano« op. 74 für Radio Brüssel (Gabriel Verschraegen, Organist; Eugene Traey, Pianist)

1954 zwei Konzertreisen durch Großbritannien

1955 Konzertreise durch Südafrika

fünfte Konzertreise durch Großbritannien

1956 fünfte Konzertreise durch Nordamerika

erste Meisterklasse an der Boys Town University, Nebraska

sechste Konzertreise durch Großbritannien

1957 siebte Konzertreise durch Großbritannien

1958 Umzug in das neue Haus mit Studio »Adagio« und Hausorgel

Einweihung der umgebauten und neu konzipierten Orgel der St.-Rombout-Kathedrale am 16. November

Konzert in Manila (Philippinen) am 5. Dezember

Privataudienz bei Papst Johannes XXIII. im Vatikan

zweite Meisterklasse an der Boys Town University, Nebraska

achte Konzertreise durch Großbritannien

1959 sechste Konzertreise durch Nordamerika

1960 zwei Konzertreisen nach Großbritannien

dritte Meisterklasse an der Boys Town University, Nebraska

1961 elfte Konzertreise durch Großbritannien

1962 siebte Konzertreise durch Nordamerika

Ernennung zum Ehrendoktor der Katholischen Universität von Amerika, Washington, D.C.

Ernennung zum Ehrenmitglied der »Royal Academy of Music«, London

Ernennung zum Ehrenbürger von New Orleans, Louisiana und von Kansas City, Missouri

1963 Ernennung zum Mitglied der Königlichen Akademie der Wissenschaften, Literatur und Schönen Künste von Belgien

erste Konzertreise durch die Sowjetunion

zwölfte Konzertreise durch Großbritannien

1964 zweite Konzertreise durch die Sowjetunion

Ernennung zum Konsultor für Liturgische Musik beim Zweiten Vatikanischen Konzil in Rom

1965 achte Konzertreise durch Nordamerika

dreizehnte Konzertreise durch Großbritannien

1966 Ehrung durch Verleihung des Bundesverdienstkreuzes erster Klasse der Bundesrepublik Deutschland

vierte Meisterklasse an der Boys Town University, Nebraska

erste Konzertreise nach Schweden

1967 Ehrung durch Verleihung des Bundesverdienstkreuzes erster Klasse der belgischen Regierung

zwei Konzerte bei der Weltausstellung in Montreal

1968 neunte Konzertreise durch Nordamerika

Beauftragung durch das Ministerium für flämische Kultur jährlich im Sommer eine internationale Meisterklasse in der Kathedrale von Mechelen abzuhalten

Ernennung zum Ehrenbürger seines Geburtsortes Tielen

1969 zwei Konzertreisen durch Großbritannien

Konzertreise durch die Niederlande

1970 Orgelkonzert für Königin Fabiola in seinem Studio »Adagio«

1971 zehnte Konzertreise durch Nordamerika

Ernennung zum Baron durch König Baudouin

Ernennung zum Offizier des Leopold-Ordens von Belgien

Ernennung zum Ehrendoktor der Katholischen Universität von Löwen

Ernennung zum Ehrenbürger der Stadt Statesboro, Georgia

privates Orgelkonzert (Orgelwerke von Bach) in seinem Studio »Adagio« für König Baudouin und Königin Fabiola

1972 Ernennung zum Ehrenbürger der Stadt Turnhout

Ernennung zum Ehrenbürger der Provinz Limburg (Belgien)

1973 von Marieke Peeters organisiertes Konzert zum 70. Geburtstag von Flor Peeters in seinem Studio »Adagio« in Anwesenheit von Königin Fabiola und zahlreichen Freunden, Schülern und Weggefährten

1974 Ernennung zum Ehrenbürger von Mechelen

1975 Konzertreise nach Australien und Neuseeland

1977 sechs Orgelkonzerte beim flämischen Rundfunk, Brüssel, mit Werken von Flor Peeters (über 60 Choralvorspiele aus den »213 Choralvorspielen« op. 100), gespielt von sechs verschiedenen Organisten an sechs Orgeln, u. a. Albert de Klerk (Haarlem) und Bryan Hesford (Mechelen); vor jedem

Choralvorspiel wird der entsprechende Choral von einem Knabenchor gesungen

1978 Feiern zum 75. Geburtstag

Beendigung der Konzertreisen ins Ausland wegen zunehmender körperlicher Beschwerden (Osteoporose)

1981 Tod seiner Ehefrau Marieke Peeters am 22. September

1982 Erstaufführung von »Ricercare« op. 134 beim Flandern Festival durch Flor Peeters

1983 Feier des 80. Geburtstags

1985 Papst Johannes Paul II. besucht Mechelen am 18. Mai anlässlich seiner Pastoralreise nach Belgien

letzter Meisterkurs an der Orgel der Kathedrale zu Mechelen

1986 letztes Werk: »Regina Coeli« op. 140 (in Memoriam Hermann Schroeder) für Orgel und Violoncello; auch Fassung für Orgel solo

Beendigung seiner Organistentätigkeit an der Kathedrale zu Mechelen im April

Tod am 4. Juli in Antwerpen

Requiem in der St.-Rombout-Kathedrale zu Mechelen am 10. Juli unter Beteiligung einer großen Trauergemeinde

Werkliste

I. Orgelmusik

Opus 6 (1), Vier Improvisaties, 1923, ∞ 8'
(A mon cher ami, Michel van Dessel, organiste de la Cathédrale à Dundalk, Irlande)
* Verbum supernum
* Ave Maria
* Iste Confessor
* Inviolata
Herausgeber: Ledent 1931; Four Improvisations, McLaughlin & Reilly 1946

Opus 6 (2), Offertorium

Opus 11, Tien Pedaalstudies, 1925, ∞ 12'
met Nederlandse, Franse, Duitse en Engelse tekst
Ledent 1931
Ten Pedal studies, McLaughlin & Reilly, 1946
In 1983 twee studies bijgecomponeerd, in manuscript gebleven
Herausgeber: Cebedem

Opus 13, Symphonische Fantasie, 1925, ∞ 9'
Symphonic Fantasy (based on an Easter Plainsong)
W. Bergmans 1932 (To the memory of my dear master Oscar Depuydt)
Herausgeber: H. W. Gray Co, Inc.

Opus 16 (1), Mystieke avond, 1926, ∞ 4' Soir Mystique (voor Jean Collot)
Herausgeber: De Ring, W. Bergmans 1927

Opus 16 (2), Abdijvrede, 1927 ∞ 4' 30"
(In oprechte genegenheid aan m'n goeden vriend E. Pater Tharcicius Valvekens van herte opgedragen)
Herausgeber: De Ring 1927
Monastic Peace
Herausgeber: McLaughlin & Reilly 1950; Metropolis 1964

Opus 17, Intieme Stonden, deel I 1928, ∞ 26'; Orgel / Harmonium
Herausgeber: W. Bergmans 1930; Lemoine; Klavarskribo

Opus 20, Variationen und Finale über ein Altflämisches Lied »Laet ons mit herten reyne«, 1929, ∞ 14'
(A Marcel Dupré)
Herausgeber: Schwann 1934
Variations and Finale on an Old Flemish Song
Herausgeber: Elkan & Vogel 1947

Opus 25, Intieme Stonden, deel II 1931, ∞ 26'; Orgel / Harmonium
Herausgeber: W. Bergmans 1933; Lemoine; Klavarskribo

Opus 28, Toccata, fugue et hymne sur »Ave Maris Stella«, 1933, ∞ 8'
(A Charles Tournemire)
Herausgeber: Henry Lemoine 1936

Opus 37, Vlaamsche Rhapsodie, Rhapsodie Flamande, 1935, ∞ 12'; grand orgue
(Aan G. D. Cunningham, Birmingham)
Herausgeber: Schott Frères 1938

Opus 38, Elégie pour orgue, 1935, ∞ 5' 30" (december 1935)
(In piam memoriam matris meae perdelictae)
Herausgeber: Henry Lemoine 1936

Opus 39, Zehn Orgelchoräle; Tien Koralen voor orgel; Dix chorals pour grand orgue, 1935, ∞ 31'
* Een Kint geboren in Bethlehem (Karl Walter, Wien)
* Herders hij is geboren (Joseph Ahrens, Berlin)
* Nu syt willecome (Jacob Byster, Haarlem)
* Ons is geboren een Kindekeyn (Ernst Kaller, Essen)
* Maria die soude naar Bethlehem gaen (Josef Zimmermann, Köln)
* Met desen Nieuwen Jare (Maurice Duruflé, Paris)
* O Jesu soet (William Montillet, Genève)
* Ick wil mi gaen vertroosten (F. Vignanelli, Rom)
* Van liefden comt groot liden (Hennie Schouten, Leiden)
* Heer Jezus heeft een hofken (Hermann Schroeder, Köln)
Herausgeber: Schott Söhne 1937

Opus 42, Passacaglia e Fuga, 1938, ∞ 11'
(Aan Hendrik Andriessen)
Herausgeber: Schott Söhne 1938

Opus 43, Suite Modale, 1938, ∞ 15'
* Choral (Aan Mia Van den Biggelaar)
* Scherzo (Aan mijn leerling, Mejuffer Cecile Stevens)
* Adagio (Aan mijn leerling Eerw. Mère Ceciel R. U., Gierle)
* Toccata (Aan mijn leerling Mejuffer Godelieve Suys)
Herausgeber: Henry Lemoine 1939

Opus 48, Sinfonia per organo, 1940, ∞ 24'
(Aan mijn vrouw)
* Allegro energico
* Adagio
* Fantasia
* Fuga
Herausgeber: Henry Lemoine 1944

Opus 51 (2), Aria, 1945, ∞ 4'
(Voor Berten De Keyser)
Herausgeber: Heuwekemeijer 1946

Opus 52a, Concert Piece, 1955, ∞ 6'
Herausgeber: C. F. Peters Corporation 1955

Opus 55, 35 Miniaturen voor orgel, 1945, ∞ 90'
(To my dear friend Theodore N. Marier) (manualiter)
Herausgeber: Heuwekemeijer 1947; McLaughlin & Reilly 1947

Opus 58, Variations on an original theme, 1945, ∞ 10'
(To Josef Tönnes, Duisburg)
Herausgeber: Elkan Vogel 1947

Opus 59, (Four Pieces), 1945, ∞ 13'
* Morning Hymn (To rev. Father Philemon Raes), ∞ 3'
* Gavotte Antique (To Claire Coci), ∞ 3'
* Nostalgia (To Frederick Marriott), ∞ 3'
Herausgeber: The H. W. Gray Company 1947
* Legende (To E. Power Biggs), ∞ 4'
Herausgeber: The H. W. Gray Company 1949

Opus 66, Lied Symphony, 1948, ∞ 31'
* Lied to the Ocean, (To Richard Purvis, Grace Cathedral, San Francisco)
* Lied to the Desert, (To Carl Weinrich, Princeton University)

* Lied to the Flowers, (To Antoinette van Boxmeer)
* Lied to the Mountains, (To Alexander McCurdy, Curtis Institute, Philadelphia)
* Lied to the Sun, (To Virgil Fox, Riverside Church, New York)
Herausgeber: C.F. Peters Corporation 1950

Opus 68, Ten Chorale Preludes, 1948, ∞ 40'
(To my pupil and dear friend Arden Whitacre)
Herausgeber: C.F. Peters Edition 1950

Opus 69, Ten Chorale Preludes, 1949, ∞ 40'
(To my dear friend Walter E. Buszin)
Herausgeber: C.F. Peters Edition 1950

Opus 70, Ten Chorale Preludes (Seasonal), 1949, ∞ 40'
(To my dear friend Evelyn Hinrichsen)
Herausgeber: C.F. Peters Edition 1950

Opus 71, Four Pieces, 1949, ∞ 15'
* Hymn (To my friend Kees Stolwijk)
* Largo (To my friend Nico Zeyen)
* In Memoriam (In memoriam Rev. Sister Marie Florence of Paridaens, Louvain; † Ernie Pyle 19-7-1946)
* Final (To my friend and colleague Gabriel Verschraegen)
Herausgeber: McLaughlin & Reilly 1950

Opus 72, Drei Praeludien und Fugen, 1950 ∞ 21'
(Meinem Sohn Guido gewidmet)
* Praeludium und Fuge in F Lydisch
* Praeludium und Fuge in F Dorisch
* Praeludium und Fuge in A Mixolydisch
Herausgeber: Schott Söhne 1951

Opus 73a, Alma Redemptoris Mater, motet pour orgue, 1951, ∞ 4'
(A mon cher ami Piet Visser)
Herausgeber: Orgue et Liturgie, Notre Dame 1951

Opus 74a, Arioso, 1951, ∞ 4' 30"
Orgel (Slow movement opus 74)
Herausgeber: The H. W. Gray Company 1968

Opus 75, Ten Chorale Preludes on Gregorian Hymns, 1953, ∞ 40'
(To my daughter Frieda)
Herausgeber: C.F. Peters Edition 1954

Opus 76, Ten Chorale Preludes on Gregorian Hymns, 1954, ∞ 40'
(To my dear friend Albert de Klerk, organist in Haarlem, Holland)
Herausgeber: C.F. Peters Edition 1955

Opus 77, Ten Chorale Preludes on Gregorian Hymns, 1954, ∞ 40'
(To my dear friend Pierre Segond, organist in Geneva, Switzerland)
Herausgeber: C.F. Peters Edition 1956

Opus 79, Manuale, 1954, 16 einfache Fantasien für Orgel ohne Pedal, ∞ 40'
(Meinem lieben Freund und Schüler Kolman Sass gewidmet)
Herausgeber: Schwann 1955

Opus 81, Two Chorale Preludes, 1955, ∞ 8' in der Serie Festival Voluntaries
* Stuttgart (To my dear friend and esteemed colleague Alan Harveson)
* Lasst uns erfreuen (To my dear friend and esteemed colleague Melville Cook)
Herausgeber: Novello 1956

Opus 83, Prelude, Canzona e Ciacona, 1955, ∞ 12'
(To my dear friend and esteemed colleague Ralph Downes)
Herausgeber: Novello 1956

Opus 86 (3), Solemn Prelude, 1956, ∞ 4'
(Vey cordially to my dear friend John Lade)
Herausgeber: Hinrichsen Edition 1957

Opus 87 (1), Festival Voluntary, 1957, ∞ 4', Serie: An Album of praise
(To my dear friend Reverend Father Canon Titus Timmerman)
Herausgeber: Oxford University Press 1959

Opus 90, Praeludien und Hymnen, 1958, ∞ 36' 15", 16 Orgelstücke in den Kirchentonarten
(Meinem lieben Freunde Kamiel D'Hooghe, Organist der

Kathedrale zu Brügge, herzlichst gewidmet)
Herausgeber: Schwann 1960

Opus 93, Entrata Festiva – Processional and Recessional, 1959, ∞ 7', organ, 2 trumpets, 2 trombones, timpani and Unison Choir ad libitum
(To my dear friend and pupil Leopold Sluys)
Herausgeber: C.F. Peters Edition 1959

Opus 95, Thirty Short Preludes on well-known Hymns, 1959, ∞ 39' 45"
(dedicated to Walter Hinrichsen)
Herausgeber: C.F. Peters Edition 1960

Opus 99, Domenica XI post Pentecostem, 1960, ∞ 9', 4 Orgelstücke
Herausgeber: Herder Verlag

Opus 100, Hymn Preludes for the Liturgical Year, 1959–1964, ∞ 700'
* Volume I: Advent-Christmas-Circumcision and Name of Jesus-Epiphany (dedicated to Edward Klammer), 1959
* Volume II: Lent and Easter (dedicated to Paul Manz), 1959
* Volume III: Ascensiontide Pentecost-The Holy Trinity (dedicated to Kathleen Thomerson-Armstrong), 1960
* Volume IV: Minor Festivals (dedicated to Raymond Boese), 1960
* Volume V: All Saint's and Memorial Day-Apostles and Evangelists-Holy Innocents-Martyr's Day (dedicated to J. Keeler), 1960
* Volume VI: Worship-Adoration-Praise (dedicated to Frank Cunkle), 1960
* Volume VII: Matins-Lauds-Sext-None-Vespers-Compline (dedicated to Mary Nelson), 1960
*Volume VIII: Holy Scriptures and Propagation of the Word (dedicated to Ruth L. Olson), 1961
* Volume IX: Holy Baptism, Holy Communion (dedicated to Frieda Murphy), 1961
* Volume X: The Church-The Holy Ministry and Ordination-Installation and Commissioning (dedicated to Marjorie Jackson), 1961
* Volume XI: The House of God-Dedication and Anniversary (dedicated to Rune Engsö), 1961

* Volume XII: The Lord's Day: beginning and close of Worship (dedicated to Parley Belnap), 1961
* Volume XIII: Repentance-Faith and Redemption (dedicated to Alec Wyton), 1962
* Volume XIV: The Kingdom of God-Missions (dedicated to Leon Rittweger), 1962
* Volume XV: Confirmation-Christian Education (dedicated to Joan Johnson), 1962
* Volume XVI: Sanctification and the Christian Life (dedicated to Guenther Fischinger), 1962
* Volume XVII: Christian Stewardship and Service (dedicated to Palle Asfelt), 1963
* Volume XVIII: Contemplation-The Inner Life-Comfort-Trust (dedicated to Gerard Gillen), 1963
* Volume XIX: Prayer-Intercession and Supplication (dedicated to Robert Noehren), 1963
* Volume XX: Pilgrimage-Conflict and Victory (dedicated to Fritz Oberdoerffer), 1963
* Volume XXI: Death-Life Everlasting-Commemoration (dedicated to David Craighaid), 1963
* Volume XXII: Harvest and Thanksgiving (dedicated to Walter E. Buszin), 1964
* Volume XXIII: Marriage-The Home and the Family (dedicated to Leopold Sluys), 1964
* Volume XXIV: City and Nation-The World-Doxology (dedicated to Catherine Crozier), 1964
Herausgeber: C.F. Peters Edition 1969

Opus 101, Chorale-Fantasy on »Christ the Lord has risen«, 1960, ∞ 7', For 2 trumpets, 2 trombones and organ
(To Dr. Marilyn Mason)
Herausgeber: The H. W. Gray Company 1961

Opus 109, Organ Partita on Almighty God of Majesty, 1962, ∞ 8' 15"
(To Willy Climan)
Preludium, Bicinium, Second Verset, Trio, Postludium
Herausgeber: McLaughlin & Reilly 1963

Opus 113, Praeludiale, 16 einfache Praeludien für Orgel ohne Pedal, 1964, ∞ 41' 30"
(A Adelaide van Reeth)
Herausgeber: Schwann 1966

Opus 116, Six Lyrical Pieces, 1966, ∞ 21' 45"
* Grave (To Frans and Ida van Isacker)
* Duo for Flutes and Cromorne (To Denise Hersée)
* Contemplative Canzone (To Jeanneke Nuyens)
* Invocation (To Frans Nuyens)
* Lyrical Canticle (To Dr. Sylvain Bellens, Mechelen)
* Trumpet Tune (To Dr. Frederick Tulan)
Herausgeber: The H. W. Gray Publications 1967

Opus 117, Zehn Inventionen, zum liturgischen Gebrauch (Vorspiel-Offertorium-Communio oder Nachspiel), 1969, ∞ 20'
(To Deane Hutchison)
Herausgeber: Schwann 1970

Opus 119, Ten Preludes on Old Flemish Carols, 1972, ∞ 20'
Zehn Präludien auf altflämische Weihnachtslieder; Orgel, manualiter
(In oprechte vriendschap aan Gouverneur en Mevrouw Louis Roppe)
Herausgeber: C.F. Peters Edition 1973

Opus 123, Paraphrase on Salve Regina, 1973, ∞ 7'
(To Jennifer Bate)
Herausgeber: C.F. Peters Edition 1976

Opus 126, Introduzione, fugato con corale sopra Pro Civitate, 1975, ∞ 5' 30"
(opgelegd werk voor de Nationale Muziekwedstrijd)
Herausgeber: Cebedem

Opus 127, Partita on Puer nobis nascitur, 1977, ∞ 8'
(To my dear friend Bryan Hesford)
Choral; Bicinium; Trio; Cradle Song; Finale
Herausgeber: C.F. Peters Edition 1979

Opus 129, Sonata quasi una Fantasia, per organo, 1977, ∞ 12'
(To my dear friend Dr. John Hofmann)
Herausgeber: Schott Söhne 1978

Opus 130, Little Choral Suite, Low Mass, 1977, ∞ 9'
Herausgeber: Cramer, London 1981

Opus 131, Evening Song in Portland, 1971
(To my dear friend Deane Hutchison)
Published by Bryan Hesford in Three Contrasted Pieces
Herausgeber: Cramer, London 1983

Opus 133, Invention (Johan Fleerackers), 1981
Klavier, später auch bearbeitet für Kleinorgel
Herausgeber: Pro Organo, Herbert Jess 1986
Teil von »Zwei kleine Stücke« 1986

Opus 134, Ricercare for organ, 1982, ∞ 8'
(In devout memory of my beloved Marieke)
Herausgeber: C.F. Peters Edition 1982

Opus 135, Partita op Lieve Vrouwe van de Kempen, 1982
(Aan Chris Dubois)
Herausgeber: Schott Söhne 1985

Opus 136, Tripartita on Salve Regina, 1983
* Evening Prayer (erschienen in: The Diapason, 1983)
* Salve Regina (voor James Griffett)
* Pro Fine (to Bryan Hesford)
Herausgeber: Cebedem

Opus 138, Preludium op Resurrexi van Pasen, 1984
(Aan Van der Taelen)
Herausgeber: Cebedem

Opus 139, Prière pour une Paix, 1985
(A Mgr Monsengwo Pasynia)
Herausgeber: Pro Organo, Herbert Jess 1986
Teil von »Zwei kleine Stücke« 1986

Opus 140, Regina Coeli, 1986
* Version Cello und Orgel (In Memoriam Hermann Schroeder)
* Version für Orgel
Manuskript: Cebedem

Sixty Short Pieces, 1955, ∞ 180'
Herausgeber: The H. W. Gray Company 1955

II. Chormusik

Opus 1 (5) , Kerstlied, 1920, ∞ 4'
Solist, vierstimmiger Chor, Orgel

Opus 2 (3), De Wiedsters, 1926, ∞ 4'
Maria groote reine (anderer Titel)
Text: René de Clercq
2 gleiche oder 4 gemischte Stimmen, Piano
Herausgeber: De Ring
Opus 2 (4), Tota pulchra est, 1922, ∞ 3'
lateinischer Text
2 gleiche Stimmen, Orgel
Opus 2 (5), O sacrum convivium, 1922, ∞ 5'
lateinischer Text
4 gemischte Stimmen, Orgel

Opus 4 (3), Slaat de leeuwen uit hun schild, 1924, ∞ 3'
Text: Ward Hermans
vierstimmig gemischter Chor a cappella
Herausgeber: Metropolis 1957

Opus 5 (3), Als ik groot ben, uittreksel uit Willem Tell, 1925, ∞ 5', drieluik
Text: Jozef Simons
französisch: Raoul Peeters
zweistimmiger Chor und Klavier
Herausgeber: De Ring, W. Bergmans
Existiert auch in einer Bearbeitung für kleines Orchester

Opus 7, Een Lof van Vier gezangen, 1923, ∞ 15'
Ave verum; Sub tuum; Exurgens Joseph; Tantum Ergo
Später genannt: Quattuor Motetta
2 gleiche Stimmen und Orgel
Herausgeber: De Ring 1927, W. Bergmans
Nr. 1 und Nr. 3 Herausgeber: McLaughlin & Reilly 1961

Opus 9, Quattuor Motetta, 1924, ∞ 12' 15"
lateinischer Text
2 gleiche Stimmen und Orgel
Herausgeber: Schwann 1937
4 gemischte Stimmen und Orgel

Herausgeber: Schwann 1949
Ego sum Panis; Ave Maria; Justus ut palma; Tantum Ergo

Opus 12 (4), O Maria die daar staat, 1928, ∞ 5'
Text: Guido Gezelle
2 gleiche Stimmen, 4 gemischte Stimmen
Text auf Niederländisch, Französisch, Deutsch und Englisch
Herausgeber: Schott Frères 1948

Opus 14, Quattuor Motetta, 1928, ∞ 15'
3 gleiche Stimmen und Orgel
Herausgeber: De Ring 1928
W. Bergmans (Aan mijn Weleerw. Vriend Jules Vyverman van harte opgedragen)
O Salutaris Hostia; Ave Maria; Vitam petiit a Te; Tantum Ergo
Opus 14(1), Ave Maria, 1928, ∞ 3'
a tre voci eguali e organo
Herausgeber: McLaughlin & Reilly 1952
Herausgeber: Libreria Editrice Musicale S. Cecilia, Rom 1958

Opus 15, Missa in honorem Sanctae Lutgardis, 1928, ∞ 25'
2 gleiche Stimmen und Orgel
Herausgeber: Musica Sacra 1929 (?)
Herausgeber: McLaughlin & Reilly 1950
Komponiert für die eigene Hochzeitsmesse am 22. August 1928; aufgeführt durch den Knabenchor der Kathedrale von Mechelen unter Leitung von Jos Vyverman

Opus 19 (2), Puitenkoor, 1929, ∞ 4'
Veröffentlicht als »Puidenkoor«
Text: Jozef Simons
dreistimmiger Chor, Solo und Klavier
Herausgeber: De Ring 1932

Opus 21, Missa in honorem Sancti Josephi, 1929, ∞ 22'
lateinischer Text
3 gleiche Stimmen und Orgel
(aan Mgr. J. Brems, Kopenhagen)
Herausgeber: Ledent 1931
Herausgeber: McLaughlin & Reilly 1948
Ausgabe für STB-Stimmen, McLaughlin & Reilly 1948

Opus 21, Missa in honorem Sancti Josephi, ∞ 22'
lateinischer Text
4 gemischte Stimmen und Orgel
Kyrie, Gloria, Credo, Sanctus, Benedictus, Agnus Dei
Herausgeber: Schwann 1937

Opus 22, Jubileum Cantate, 1930, ∞ 20'
Text: Frans Hammenecker
Solo, Chor, Klavier oder Orgel
Manuskript

Opus 23, Drie Drinkliederen, 1929, ∞ 10'
Text: Jozef Simons
französisch: Hilarion Thans
deutsch: Franz Fromme
3 gleiche Stimmen und Klavier
* Te Drinken (Aan de jolige kameraden uit onzen studententijd)
* In druk en pijn (Aan mijn oud-leraar en vriend J. Brandt en zijn Koor ,van harte opgedragen ter gelegenheid van zijn zilveren julileum)
* Vivan ons! (Aan den flinken koorleider en vriend Eugeen Van de Velde)
Herausgeber: De Ring 1932

Opus 24, Jubelcantate Congregatie De Decker (Mechelen), 1931, ∞ 18'
Text: B. Lamot
Tenor, Kinderstimmen, gemischter Chor und Orgel
Manuskript

Opus 26, Caritascantate Sint-Victor Turnhout, 1932, ∞ 20'
Text: Broeder Honoré
Solo, gemischter Chor und Klavier
daraus: Sint-Victorlied
Manuskript

Opus 29, Huldecantate St. Joseph Calasancius, Vorselaar, 1933, ∞ 40'
Text: E. van den Dries
Solo, Chor, Klavier oder Orgel
Manuskript

Opus 30, Missa in honorem Reginae Pacis, 1933, ∞ 20'
lateinischer Text
2 gleiche Stimmen und Orgel
Herausgeber: Musica Sacra 1934
Herausgeber: McLaughlin & Reilly 1948

Opus 31 (2), Tot dat oude Dietsc, 1934, ∞ 4'
Text: Servaes Daems
vierstimmig gemischter Chor a capella
Herausgeber: Metropolis 1957

Opus 32, Naar Bethlehem, ∞ 15', Kerstcantate, 1934
Text: Jozef Simons
französisch: Hilarion Thans
deutsch: Franz Fromme
für Soli, 2 gleiche Stimmen und Orgel (Aan de Zeer Eerw. Zuster Maria-Jozefa)
Herausgeber: W. Bergmans 1934
Herausgeber: A. P. Schmidt 1973
Opus 32, To Bethlehem, Christmas Cantate, ∞ 15'
englische Version: Emmy Visser
for soli, 2 equal voices and organ
Herausgeber: World Library of Sacred Music 1955

Opus 33, Het Lied der Eeuwen, cantate voor het Eeuwfeest van de abdij van Averbode, 1934, ∞ 20'
Text: Adriaensen
Soli, Chor, Klavier oder Orgel
Manuskript

Opus 35, Maria Oratorium, EE.ZZ.Annonciaden, Willebroek, 1935, ∞ 25'
Soli, Chor, Klavier oder Orgel
Manuskript

Opus 40, Psalm 99 Jubilate Deo, omnis terrae, 1936, ∞ 8'
lateinischer Text
3 gleiche Stimmen und Orgel
Herausgeber: W. Bergmans 1937
Opus 40, Jubilate Deo, omnis terrae, Psalm 99, Sing to God with gladness, 1936, ∞ 8'

englische Version: Edw. C. Currie
TTB and organ
SATB and organ
SSA and organ
Herausgeber: McLaughlin & Reilly 1954
Opus 40, Psalm 99 Jubilate Deo, omnis terrae, 1936, ∞ 8'
Version für Chor, Bläser, Pauken und Orgel
Manuskript
c/o Cebedem

Opus 44 (2), De Morgen in 't bos, 1940, kindercantate, ∞ 7'
Text: René de Clercq
französisch: Léon Rubbens
zweistimmiger Chor (SA) mit Klavierbegleitung
(Van harte aan mijn oud-leerling en vriend E. H. H. van Laere, kapelmeester der Sint-Baafskathedraal te Gent)
Herausgeber: Het Muziekfonds 1941

Opus 49, Missa in honorem Sanctae Godelivae, 1940, ∞ 14'
lateinischer Text
2 gleiche Stimmen und Orgel
Herausgeber: W. Bergmans 1941
Opus 49, Missa Brevis, or, in honorem Sanctae Godelivae, 1940, ∞ 14'
lateinischer Text
Fassung für SAB und Orgel
Herausgeber: McLaughlin & Reilly 1962

Opus 56, Jubileumcantate Congregatie van de Christelijke Scholen Jozef Calasancius, Vorselaar, 1945, ∞ 20'
Text: Eerw. Zuster Marcellina
Soli, Chor, Orgel oder Klavier

Opus 57, Te Deum, Lord God, we praise Thee, 1945, ∞ 10'
lateinischer Text
englische Version: Edw. Currie
Lord God we praise Thee
* 3 gleiche Stimmen und Orgel
Herausgeber: McLaughlin & Reilly 1947

Opus 57, Te Deum, 1945, ∞ 10'
lateinischer Text
* 3 Männerstimmen und Orgel
* 4 gemischte Stimmen und Orgel
Herausgeber: Schwann 1947
Bearbeitung für Orgel, Bläser und Pauken
Manuskript
c/o Cebedem

Opus 60 (2), Ipse sum desponsata, 1942, ∞ 4'
lateinischer Text
2 gleiche Stimmen und Orgel
Herausgeber: Musica Sacra 1948

Opus 61 (4), Onze Vader, Wees Gegroet, 1945, ∞ 5'
Soli, 2 gleiche oder 4 gemischte Stimmen mit Klavier oder Orgel
Herausgeber: Schott Frères 1948
Opus 61(6), Lieve-Vrouwe-Van-de-Kempen, 1945, ∞ 5'
Text: Jozef Simons
* 2 gleiche Stimmen und Orgel (Klavier)
* 4 gemischte Stimmen und Orgel (Klavier)
Herausgeber: Schott Frères 1948

Opus 62, Missa Festiva, 1947, ∞ 30'
lateinischer Text
5 gemischte Stimmen und Orgel
Kyrie (∞ 5'), Gloria (∞ 5' 30"), Credo (∞ 9'), Sanctus (∞ 3'), Benedictus (∞ 3'), Agnus Dei (∞ 4')
(Meinem lieben Freunde, dem Hochwürdigsten Herrn Kanonikus Jules Vyverman, und dem Domchor an St. Rombout zur Erinnerung an die glanzvolle erste Aufführung meines Werkes)
Herausgeber: Schwann 1954

Opus 63, Quattuor Motetta, 1947, ∞ 12'
lateinischer Text
vierstimmig, a cappella
* Ave Verum (∞ 2' 30")
* Ave Maria (∞ 2' 30")
* Jesu dulcis memoria (∞ 3' 30")
* Tantum Ergo (∞ 2' 15")
Herausgeber: Schwann 1951

Opus 64, Quattuor Motetta, 1947, ∞ 12'
lateinischer Text
vierstimmig, a cappella
* Panis Angelicus (∞ 3')
* Sub tuum praesidium (∞ 2')
* Te Joseph celebrent (∞ 4')
* Tantum Ergo (∞ 2')
Herausgeber: Schwann 1951

Opus 65, Zes Zuidafrikaanse Liederen, 1947, ∞ 12'
vierstimmig a cappella
* Die bloeisels van Jezus
Text: W. E. S. Louw
* Aan die Kruis
Text: A. D. Keet
* Dis al
Text: Jan F. E. Celliers
* Om te sing
Text: J. D. du Plessis
* Verre Reis
Text: W. E. G. Louw
* Drinklied
Text: Eitemal
Herausgeber: Annie Bank, Amsterdam 1951

Opus 73 b, Motet Terribilis est, 1951, ∞ 3'
In Anniversario Dedicationis Ecclesiae vel in ipsa Dedicatione
lateinischer Text
2 gleiche Stimmen und Orgel
(R. P. Drs. L. Goffinet C. SS. R. Dedicatum)
Herausgeber: Musica Sacra 1951

Opus 78, Tu es Sacerdos, 1954, ∞ 5'
lateinischer Text
3 gleiche Männerstimmen und Choralstimme, Orgel
Herausgeber: McLaughlin & Reilly 1955

Opus 84a, Missa in honorem Sancti Johannis Baptistae, 1956, ∞ 21'
auch »Missa Laudis« genannt
* 3 gleiche Stimmen und Orgel

(Meinem lieben Freunde Jan van Mierlo, dem wohlwollenden Förderer der Kirchenmusik zu seinem goldenen Jubiläum)
Herausgeber: Schwann 1958
Herausgeber: McLaughlin & Reilly 1957
Opus 84 b, Missa Laudis, ∞ 22' 30"
in honorem Sancti Johannis Baptistae,
* 4 gemischte Stimmen und Orgel
(Meinem lieben Freunde Jan van Mierlo, dem wohlwollenden Förderer der Kirchenmusik zu seinem goldenen Jubiläum)
Herausgeber: Schwann 1958
Herausgeber: McLaughlin & Reilly 1957

Opus 85 (1), Schoon woord met zoeten zang, 1956, ∞ 2'
Text: H. van Veldeke
Kanon
Herausgeber: Salvator, Mechelen 1957
Opus 85 (2), Tot allen tiden sal mi verbliden, 1956, ∞ 2'
3 gleiche Stimmen, a cappella
Text: Hofmann von Fallersleben
Herausgeber: Salvator, Mechelen 1957
Opus 85 (3), Hopsasa, 1956
Vocalisen, 1 bis 5 stimmig, a cappella
Bestemd voor Kon. Vlaams Muziek-conservatorium te Antwerpen
Manuskript
Opus 85 (4), Prayer on Christmas Eve, 1956, ∞ 2'
vierstimmig gemischter Chor, a cappella
Text: Nancy Byrd Turner
(To my dear friend Paul Manz)
Herausgeber: Augsburg Publishing House 1956
Opus 85 (5), In Excelsis Gloria, 1956, ∞ 4'
vierstimmig gemischter Chor mit Orgel oder Klavier
Text: Thibaut IV (1201–1253)
(Ty my dear friends Peter, John and Michael Manz)
Herausgeber: Augsburg Publishing House 1957

Opus 87(2), Evening Prayer, 1957, ∞ 4'
2 gleiche Stimmen und Orgel
4 gemischte Stimmen und Orgel
Text: unbekannt

(To John J. Fehring, Diocesan Director of Music, Cincinnati)
Herausgeber: McLaughlin & Reilly 1958

Opus 89a, Flos Carmeli, 1958, ∞ 5'
Hymne für Soli, 2 gleiche Stimmen und Orgel
lateinischer Text
(Hommage très respectueux à son Excellence Ilario Alcini, Archevèque titulaire de Nicea, Président Général de l'A.I.S.C.)
Herausgeber: Libreria Editrice Musicale S. Cecilia, Rom 1958
Opus 89b, Inviolata, 1958, ∞ 4'
lateinischer Text
a quattro voce miste con organo
(To my dear friend Reverend Father Francis Schmitt and his Boys Town Choir (U.S.A.))
Herausgeber: Libreria Editrice Musicali S. Cecilia, Rom 1958

Opus 91, Missa Choralis, 1958, ∞ 13' 14"
lateinischer Text
4 gemischte Stimmen und Choralstimme (fakultativ), mit Orgel
(To Theodore Marier with sincere friendship)
Kyrie (∞ 2' 15"), Gloria (∞ 3' 15"), Credo (∞ 3' 45"), Sanctus (∞ 1' 10"), Benedictus (∞ 1' 20"), Agnus Dei (∞ 2' 05")
Herausgeber: McLaughlin & Reilly 1959

Opus 92, Jubilee Mass, ∞ 24'
Missa Jubilans in honorem Sancti Nicolai, 1958
4 gemischte Stimmen und Orgel
Text: englischer Ordinariums-Text
(To my dear friend The Most Reverend Monsignor Nicholaus Wegner)
Herausgeber: C.F. Peters Edition 1969

Opus 94, Two Anthems, 1959, ∞ 6'
* All the Ends of the Earth
Text: Gradual Christmas Day (englisch)
SATB a cappella
* This is the Day which the Lord had made
Text: Gradual for Easter Day (englisch)
SATB a cappella
Herausgeber: Augsburg Publishing House 1959

Opus 98, Hymn to S. Caecilia: Nunc ad coronas pergite, 1960, ∞ 4'
lateinischer Text
SATB and unison choir with organ
(To my dear friends Msgr Francis Schmitt and his Boys' Choir)
Herausgeber: World Library of Sacred Music 1962

Opus 102, The Lord's Prayer, Pater Noster, 1960, ∞ 2'
englischer und lateinischer Text
* Two equal voices and piano (organ)
* Four mixed voices and piano (organ)
Herausgeber: C.F. Peters Edition 1961

Opus 103, Wedding Song; Wo du hingehst, 1961, ∞ 4'
englischer und deutscher Text
* Two equal voices and organ
* Four mixed voices and organ
Herausgeber: C.F. Peters Edition 1960

Opus 104, Ave Maria, Hail Mary, 1961, ∞ 2'
lateinischer und englischer Text
* Two equal voices and organ
* Four mixed voices and organ
Herausgeber: C.F. Peters Edition 1962

Opus 105, Motet Mihi autem nimis, How lofty, O God, are Your Designs, 1961, ∞ 4'
lateinischer Text
englische Version: P. J. H.
SATB, organ ad libitum
Herausgeber: McLaughlin & Reilly 1964

Opus 107, Two Anthems, 1961
4 mixed voices and organ
* Easter Hymn-Anthem
I know that my Redeemer liveth, ∞ 3' 30"
englischer Text
* Christmas Hymn-Anthem
All my heart today rejoices, ∞ 4' 30"
Herausgeber: C.F. Peters Edition 1962

Opus 108, Magnificat, ∞ 5' 15"
lateinischer Text
SATB voices and organ
score for full brass, timpani and cymbals available
c/o Cebedem
(To my dear friend Roger Wagner and the distinguished Wagner-Chorale)
Herausgeber: McLaughlin & Reilly 1962

Opus 110, In Silent Night (Laet uns mit herten reyne), 1963, ∞ 3'
Text: englisch
SATB, Orgel
Herausgeber: McLaughlin & Reilly 1963

Opus 111, Psalm 125 In convertendo Dominus, When God the Lord, 1963, ∞ 8'
lateinischer Text
englische Version: E. C. Currie and P. Hotin
4 mixed voices a cappella
Commissioned by Messrs. Arthur Guinness, Son & Co, for the Cork (Ireland) International Choral Festival, 1963
Herausgeber: McLaughlin & Reilly 1964

Opus 115, Four Old Flemish Christmas Carols, 1964, ∞ 16'
mixed voices and instruments: 2 oboes (Recorders), English horn, 2 bassoons, 2 trumpets, 3 trombones, organ (Baroque)
Text: englische Version von Marguerite Vogels-Reiners
original text: Old Flemish
* Hark, unto us a child is born, ∞ 3'
* There Fell a Heavenly Dew, ∞ 4' 40"
* Now be Very Welcome, ∞ 5' 10"
* Shepherds He is born, ∞ 2' 30"
Herausgeber: C.F. Peters Edition 1967

Opus 118, Canticum Gaudii, Song of Joy, (Psalm 91), 1972, ∞ 5'
SATB, 2 trumpets, 2 trombones and organ
(To my dear friend Ladd Thomas, Los Angeles)
Herausgeber: C.F. Peters Edition 1973

Opus 120, Psalm 128, 1972, ∞ 5'
mixed voices, soli, organ

Herausgeber: Commissioned, Edited and Distributed by CFCW, Sugar Creek 1973

Opus 112, Missa Simplex, or Confraternity Mass, 1963, ∞ 20'
englischer Ordinariums-Text
einstimmiger Chor und Orgel
Herausgeber: McLaughlin & Reilly 1966

Opus 124, Psalm 23 with the Lectionary Refrains, 1973
Cantor, unison choir, congregation, organ
optional mixed choir and oboe
Herausgeber: Commissioned, Edited and Distributed by CFCW, Sugar Creek, 1974

Opus 137, Gebed voor de Kerk, 1983
Text: Godfried kardinaal Danneels
vierstimmiger gemischter Chor, a cappella
c/o Cebedem

III. Lied

Opus 1 (1), Ave Maria, 1919, ∞ 3'
Sopran und Orgel
Manuskript
Opus 1 (3), Gelegenheidslied, 1919, ∞ 6'
Text: A. Jansen
Gesang und Klavier
Opus 1 (4), Aloysiuslied, 1919, ∞ 4'
Text: J. Cornelis
Gesang und Klavier
c/o Cebedem
Opus 1 (7), M'n Roozeke, 1926, ∞ 3'
Text: Ward Hermans
Sopran und Klavier
Herausgeber: De Ring 1926
(Voor m'n flinken vertolker Frans Haldermans)
Opus 1 (8), Kerlinnekens, 1924, ∞ 3'
Text: Ward Hermans

Sopran und Klavier
Herausgeber: De Ring 1925

Opus 2 (1), Hoog de Leeuw, 1927, ∞ 5'
Text: Jozef Simons
Gesang und Klavier
in: Vlaamsche Lied, 1926
Opus 2 (2), De Wiedsters, 1926, ∞ 4'
Text: René de Clercq
Gesang und Klavier
(Den Vriend Dirk Baksteen hartelijk opgedragen)
Herausgeber: De Ring 1927
Opus 2 (4), O quam suavis est, 1923
lateinischer Text
für eine Stimme und Orgel
Opus 2 (7), Strijdlied Heilige Kindsheid, 1927
Text: F. Vanderstraeten
Gesang und Klavier
Herausgeber: De Ring 1927

Opus 3, Zes Alice Nahonliederen, 1923, ∞ 18'
Text: Alice Nahon
französisch: A. de la Chênaie
Sopran und Klavier
Herausgeber: De Ring 1925 (in 2 Alben); Metropolis 1965
(Van herte opgedragen aan Meester Lodewijk Mortelmans)
* Armoe
* Deemster-vrage
* Uchtend-liefde
* Liedje van Inkeer
* Vergiffenis
* Heidekind
Bearbeitung für Orchester

Opus 8, Drie Reddingiusliederen, 1926, ∞ 9'
Gesang und Klavier
Text: J. Reddingius
französisch: Hilarion Thans
* Kindje, dat op bloote voetjes
(Voor Franske van Nante Wijnants)

* Den Horen blies ik al een keer
(voor »Marieke«)
* Wat ben je mooi, m'n lieve kind
(Voor Mr. en Mevr. Van den Bosch, uit vriendschap en genegenheid)
Herausgeber: De Ring 1928

Opus 10 (1), Kajotterslied, 1924, ∞ 6'
Gesang und Klavier
Text: R. van de Ven
Herausgeber: KAJ Brussel 19??
Opus 10 (2), Ave verum, 1924, ∞ 3' 50"
lateinischer Text
Bariton und Orgel
Herausgeber: De Ring 1928
(Van harte aan Nic Herbosch en Scherzo)
(opdracht uit 1963), in eigen beheer
Opus 10 (3), Gebed tot Onze-Lieve-Vrouw-van-Vlaanderen, 1927, ∞ 4'
Text: Jozef Simons
Gesang und Klavier
in: Vlaamsche Lied, 1939
Opus 10 (4), Twee Gelegenheidsliederen, 1928, ∞ 9' 50"
* Communielied
Text: Kan. Vosters
französisch: Hilarion Thans
(Voor Mietje Van den Bosch)
* Huwelijkslied
Text: A. Walgrave
französisch: Hilarion Thans
(Hartelijk opgedragen aan de Heer en Mevrouw Hannes)
Herausgeber: De Ring 1931

Opus 12 (1), Het marktboerinneke, 1929, ∞ 5'
Text: Jozef Simons
Gesang und Klavier
in: Vlaamsche Lied, 1939
Opus 12 (2), Vlaggelied voor de Derde Orde, 1931, ∞ 5'
Text: Hilarion Thans
Gesang und Klavier

Herausgeber: Derde Orde 1931
Opus 12 (3), O Maria die daar staat, 1928, ∞ 5'
Text: Guido Gezelle
französisch: Hilarion Thans (»Vierge que voil«)
deutsch: Franz Fromme (»O Maria unversehrt«)
Sopran oder Tenor und Klavier
(Aan mijn Eerw. Vriend Frans Spaey hartelijk oppgedragen)
Herausgeber: De Ring 1929
Opus 12 (5), O welig wonnig milde, 1929, später genannt: Lentelied, ∞ 5'
Text: Jozef Simons
französisch: Hilarion Thans (L'azur se teint d'opale)
Sopran und Klavier
(Aan Mejuffer Berthe Somers)
Herausgeber: De Ring 1931

Opus 19(1), Nachtmerrie, 1929, ∞ 5'
Text: Jozef Simons
Bass und Klavier
(Van harte opgedragen aan kunstschilder Prosper de Troyer)
Herausgeber: De Ring 1933
Opus 19 (3), Veel liever ben ik een nonneke, 1929, ∞ 3' 30"
Text: Jozef Simons
Gesang und Klavier
in: Vlaamsche Lied, 1936
Opus 19 (4), Aubade, 1929, ∞ 5'
Text: Jozef Simons
französisch: Hilarion Thans
deutsch: Franz Fromme
Sopran und Klavier
Herausgeber: De Ring 1935
Opus 19 (5), De Herders, 1930, ∞ 5'
Text: Jozef Simons
französisch: Hilarion Thans
Gesang (einstimmig und zweistimmig) und Klavier
(Aan mijn goeden Kempischen vriend, dichter Jozef Simons)
Herausgeber: De Ring 1936
Herausgeber: Metropolis 1967 (als Teil von Drie Liederen)
Opus 19 (6), Zomerweelde, 1934, ∞ 5'

Text: Jozef Simons
französischs: Hilarion Thans (»Soir d'été«)
deutsch: Franz Fromme (»Sommerfülle«)
Gesang und Klavier
(Aan mijn vrouw)
Herausgeber: De Ring 1936

Opus 31(1), Drie Liederen, 1934, ∞ 10'
Text: René de Clercq
französisch: Léon Rubbens
Sopran und Klavier
* Rood pioeneke (voor Frieda)
* Kind van mijn liefde (voor Guido)
* M'n kleen, kleen dochterke (voor Lieva)
in: Vlaamsche Lied, 1934
Opus 31(4), Deuntje (tango) 1935, ∞ 3' 50"
Text: Maurice Gilliams
französisch: Léon Rubbens
Gesang und Klavier
(Aan Frans Segers van harte)
Herausgeber: De Ring 1937
Später aufgenommen in: Drie Liederen, Metropolis 1967

Opus 34, Veertien Kinderliederen, Quatorze chansons enfantines, 1934, ∞ 60'
Text: Julia Tulckens
französisch: A. de la Chènaie
Gesang und Klavier
(Aan den goeden vriend Albert Van Dyck)
Herausgeber: De Ring 1936
Herausgeber: W. Bergmans

Opus 36, Speculum vitae, pour grand Orgue et Chant, 1935, ∞ 17'
Text: Jozef Simons
französisch: Hilarion Thans
deutsch: Franz Fromme
Nacht, Morgen, Middag, Avond
(Aan Ria Lenssens)
Herausgeber: Henry Lemoine 1937
Opus 36, Speculum Vitae, Mirror of Life, ∞ 17'

Tone poem for Organ and Voice, 1935
Englische Version: Walter E. Buszin
deutsch: Franz Fromme
Herausgeber: C.F. Peters Corporation 1958

Opus 41(1), Mère-Liederen, 1936, ∞ 15'
6 Lieder für tiefe Stimme und Klavier
Text: Maurice Carème
niederländisch: Albe
(Ter nagedachtenis aan Moeder) in handschrift op gedrukte muziek
(Aan Annie Woud hoogachtend opgedragen)
* Ainsi j'étais au fond de toi
* Ainsi qu'une fleur
* Je me souviens
* Tu es belle, ma mère
* Priez pour moi, ma mère
* Puisses-tu longtemps encore
Herausgeber: Edition Heuwekemeijer 1946
Opus 41 (2), Huldelied, 1933
Text: Van den Dries
Gesang und Klavier
Opus 41 (3), Theo de Celles-Lied, 1936, ∞ 5'
Text: Scheerder
Gesang und Klavier

Opus 44, Drie Gelegenheidsliederen, 1939, ∞ 12'
* Kerstlied
Text: Jozef Simons
französisch: Hilarion Thans
Solo, 2 gleiche Stimmen, Klavier oder Orgel
(Aan mijn zeer Eerw. Vriend Kanunnik Jos Vyverman)
* Communielied
Text: Jozef Simons
französisch: Hilarion Thans
Solo, Klavier oder Orgel
(Aan mijn zoontje Guido)
* Eerste H.-Mislied
Text: Jozef Simons
Französisch: Hilarion Thans
Gesang, Klavier oder Orgel

(Aan mijn leerling, Eerw. H. Peter Mylemans ,van harte opgedragen bij zijn Eerste H. Mis 16-IV-39)
Herausgeber: Musica Sacra 1939

Opus 47, Ivoren Toren, zes Marialiederen, 1940, ∞ 12'
Text: Albe
Für hohe Stimme und Klavier
(Aan Jo Vincent met bewondering en hoogachting)
* Ivoren Toren
* De Uitverkorene
* Gebenedijde
* Klein Wonder
* O, Bruid en Moeder
* Maria
Herausgeber: Uitgeverij Wiek op Brugge 1942
Herausgeber: Metropolis
Opus 47, Ivory Tower, 1940, ∞ 12'
englische Version: Hugh Ross
Herausgeber: C.F. Peters Coporation 1965

Opus 50, Het Tijdeloze Verbond, zes minnezangen aan de Vrouw, 1943, ∞ 15'
Text: Albe
* Ontwect u, soete Lief
* Hoe bleek staan nu de sterren
* Gij, Vrouw, die mint en droomt
* Ontbind deemoedig uwe haren, vrouw
* Ik voed een vrucht
* Ach, ware ik zelve diep
(Aan mijn vrouw)
Herausgeber: De Ring 1954; Metropolis 1954
Opus 50, Six Love Songs, 1943, ∞ 15'
englische Version: Hugh Ross
Herauigeber: C.F. Peters Corporation 1965

Opus 53 (2), Vijf Liederen
Für Gesang und Klavier
* Cantiek aan S. Caecilia, 1943, ∞ 4'
Text: Van den Eynde
in: Vlaamsche Lied, 1944

* Feestzang, 1938, ∞ 5'
Text: Th. Vonck
in: Vlaamsche Lied, 1943
* Ons Kempenland, 1942, ∞ 5'
Text: W. Gijssels
in: Vlaamse Zanger, 1942
* Hymne aan Vlaanderen, 1942, ∞ 4'
Text: Albe
in: Vlaamsche Lied, 1946
* Sint-Jorislied, 1940, ∞ 4'
Text: K. de Puydt

Opus 54 (1), Jezus mijn vriend, 1943, Jésus l'ami, 1943, ∞ 27'
Text: Albe
französisch: Hilarion Thans
9 kinderliedjes voor Lieva en Frieda
Gesang und Klavier
Herausgeber: Schott Frères 1948
Opus 54 (2), Drieluik, 1943, ∞ 10'
Text: Joz. de Voght
* In 't Stalleke
* De Herders
* De Driekoningen
(Aan mijn Hoogeerw. Vriend, Monseigneur K. Cruysberghs)
in: Vlaamsche Lied, 1948

Opus 60 (1), Liederen
* Priesterhymne, ∞ 4'
(20-jarig jubileum Jules Vyverman), 1943
Text: Frans Eykans
in: Vlaamsche Lied, 1949
* Lied aan Jos. Calasancius, 1944, ∞ 3'
Text: E. Z. Marcellina
Opus 60 (3), Prière, 1944, ∞ 3'
Text: Charles Péguy
Manuskript
Opus 60 (4), Vendellied (Staplied), 1944, ∞ 4'
Text: Landewald Janssen
Gesang und Klavier
Herausgeber: BJB Leuven 1945

Opus 60 (5), Marialied (Onze-Lieve-Vrouwe-van-Mirakel, Sint-Rombout, Mechelen), 1944, ∞ 4'
Gesang und Klavier (Orgel)
Text: Frans Eykans
(Aan Zijne Eminentie Kardinaal van Roey in eerbiedige genegenheid opgedragen)
Herausgeber: Chiro Mechelen 1945

Opus 61 (1), * O Kerstenacht, 1942, ∞ 11'
Text: Albe
französisch: A de la Chênaie
mittlere Stimme und Klavier
* Kersten Wiegelied, 1942
Text: Albe
französisch: A de la Chênaie
2 Baritone und Orgel
(voor Mieke Albe)
Herausgeber: W. Bergmans 1943
Herausgeber: Metropolis 1966
Opus 61 (2), Maria, Hemelsche Moeder, 1946, ∞ 4'
Text: Helderenberg
Gesang und Klavier
in: Vlaamsche Lied, 1947
Opus 61 (3), Lieve Vrouwe van de Kempen, 1945, ∞ 5'
Text: Jozef Simons
französisch: A. de la Chênaie
englisch: A. Wijgers
Gesang und Klavier
Herausgeber: Toren, Tongerlo 1946
Opus 61 (5), Vrede, 1945, ∞ 3'
Text: Van den Berg
in: Vlaamsche Lied, 1945

Opus 67 (1), Twee kinderliederen, 1944, ∞ 5'
Text: Frans Eykans
* Pannekoeken
* Een knappe vangst
Gesang und Klavier
Manuskript
Opus 67 (2), Laat fier de wimpels zwieren, 1946, ∞ 6'

Text: Frans Eykans
Gesang und Klavier
in: Vlaamsche Lied, 1953
Opus 67 (4), Sint-Jan-Berchmanslied, 1949, ∞ 4'
Text: Frans Eykans
Gesang und Klavier
Manuskript
Opus 67 (5), Communieliedje, 1946, ∞ 2'
Text: Ph. Raes
Gesang und Klavier
in: Vlaamsche Lied, 1948
Opus 67 (6), Voor Outer en Heerd, 1948, ∞ 3'
Text: M. van Hoeck
Gesang und Klavier
in: Vlaamsche Lied, 1948
Opus 67 (7), Bede tot Maria, 1949, ∞ 5'
Text: A. Speeckaert
Gesang und Klavier
in: Vlaamsche Lied, 1954
Opus 67 (8), Rumolduslied, 1950, ∞ 3'
Text: Frans Eykans
Gesang, Orgel oder Klavier
Manuskript
Opus 67 (9), Geestelijke Solocantate (Vyverman), 1948, ∞ 12'
Solostimme, Klavier oder Orgel
Text: Frans Eykans
Voor het 25-jarig priesterjubileum van Mgr Jules Vyverman
Manuskript

Opus 73, Priestercantiek, 1952, ∞ 4'
Text: Jef Crick
Gesang und Klavier
in: Vlaamsche Lied, 1958

Opus 86 (1), Annabella Lee, 1956, ∞ 4'
Ballade für Sprecher und Klavier
Text: Allan Poe
Manuskript
Opus 86 (2), Light shining out of Darkness, 1956, ∞ 4'
Text: W. Cooper

Für Sprecher und Klavier
Manuskript

Opus 87 (3), Kerstliedje O slapend Kindje, 1957
Text: Willems
in: Vlaamsche Lied, 1960

Opus 97, Kleine Dankhymne, 1959
Gesang und Klavier
Text: Albe

Opus 102, The Lord's Prayer, Pater Noster, 1960, ∞ 2'
englischer und lateinischer Text
* High voice and organ (piano)
* Medium voice and organ (piano)
* Low voice and organ (piano)
Herausgeber: C.F. Peters Edition 1962

Opus 103, Wedding Song, Wo du hingehst, 1960, ∞ 4'
englischer und deutscher Text
* High voice and organ (piano)
* Medium voice and organ (piano)
* Low voice and organ (piano)
Herausgeber: C.F. Peters Edition 1962

Opus 104, Ave Maria, Hail Mary, 1961, ∞ 2'
englischer und lateinischer Text
* High voice and organ (piano)
* Medium voice and organ (piano)
* Low voice and organ (piano)
Herausgeber: C.F. Peters Edition 1962

Opus 128, Ubi caritas et amor, 1977, ∞ 6'
Tenor und Orgel (To James Griffett)
c/o Cebedem
Herausgeber: Cramer, London 1980

Opus 131, Moeder van Barmhartigheid, 1971
Gesang und Klavier
Manuskript

Opus 132, Trois Mélodies sur textes de Maurice Carème, 1980
Gesang und Klavier
Manuskript
c/o Cebedem

Opus 137, Gebed voor de Kerk, 1983
Text: Godfried kardinaal Danneels
Gesang und Klavier
Manuskript
c/o Cebedem

IV. Klavier- und Kammermusik

Opus 1 (6), Mijmering, 1920
Klavier

Opus 4 (1), Humoreske, 16-3-1922, ∞ 2'
Klavier
Herausgeber: De Ring 1925
Opus 4 (2), Droom 1924
Klavier
(Voor Marieke; bij uitgave toegevoegd)
Herausgeber: De Ring 1927

Opus 5 (1) Toneelmuziek bij Willem Tell, 1925
Solo, Chor, Klavier oder Orgel
Opus 5 (2), Zriny, 1926
Solo, Chor, Klavier oder Orgel

Opus 18, Suite voor Klavier, 1928, ∞ 18'
Klavier
Vertelsel (Aan mevrouw J. C. van der Wind)
Menuet (Aan mevrouw Jos de Klerk)
Mazurka (Aan mevrouw Dirk Baksteen)
Gavotte (Aan mevrouw Axters)
Feest (Aan mevrouw Nante Wijnants)
Herausgeber: De Ring 1929
Herausgeber: Alsbach 1936
Es besteht eine Orchesterbearbeitung
Cebedem

Opus 27, Tien Schetsen uit het Kinderleven, Dix Esquisses de l'âge d'or, 10 Skizzen aus der goldenen Kinderzeit, 10 Sketches of Childhood, 1932, ∞ 25'
Klavier
(Aan mijn lieve kinderen; bij uitgave toegevoegd)
Herausgeber: Cranz 1936

Opus 31 (3), Er was eens, 1934, ∞ 3'
Klavier vierhändig
Manuskript

Opus 45, Sonatine, 1940, ∞ 7'
Klavier
Herausgeber: Cnudde 1940
auch in »Piano Sonatines by Belgian Composers«, Volume II, p. 23, A.M.P., 1941
Opus 45, Sonatine, 1940
Bearbeitung für Carillon, 1972
(To Raymond Keldermans, carilloneur in Springfield, Illinois)
Herausgeber: C.F. Peters Corporation 1973

Opus 46, Sonatine, in Sol gr. 1940, ∞ 10'
Klavier
Herausgeber: Cnudde 1940
auch in »Six piano Sonatines«, Volume I, p. 31
Herausgeber: A.M.P. 1939
Opus 46, Sonatine, in Sol gr., 1940
Bearbeitung für Carillon, 1972
(To Raymond Keldermans, carilloneur in Springfield, Illinois)
Herausgeber: C.F. Peters Corporation 1973

Opus 51 (1), Sonate voor trompet en piano, 1943, ∞ 15'
Trompete in B und Klavier
Allegro; Aria; Finale (Toccata)
(Aan de Hr. en vriend Jef Vergaelen, Leraar aan het Kon. Conservatorium te Gent)
Herausgeber: Gervan 1945
Opus 51 (1), Sonate for trumpet and piano, 1943, ∞ 15'
Trompete und Klavier
Herausgeber: C.F. Peters Corporation 1961
Opus 51 (2), Aria, Bearbeitung für Violine und Klavier, ∞ 4'

Herausgeber: Heuwekemeijer 1946
Opus 51 (3), Aria, Bearbeitung für Violoncello und Klavier, ∞ 4'
Herausgeber: Heuwekemeijer 1946
Opus 51a, Toccata for piano
(Bearbeitung des letzten Satzes der Sonate für Trompete und Klavier), ∞ 7'
(To my dear friend Eugene Traey)
Herausgeber: C.F. Peters Corporation 1962

Opus 53 (1), Steenhof, 1944, ∞ 15' 10 landelijke schetsen voor piano
(In oprechte hulde aan Mevrouw Fideel Joos)
Herausgeber: Heuwekemeijer 1946

Opus 67 (3), Variaties op »God save the King«, 1945, ∞ 6'
Klavier
Manuskript

Opus 74, Concerto voor orgel en piano, Concerto for organ and piano, 1951, ∞ 22'
Orgel und Klavier
(To my daughter Lieva)
Introduzione ed Allegro, Arioso, Allegro vivo e fermo,
Herausgeber: The H. W. Gray Company 1968
Herausgeber: Cramer London
Opus 74 b, Arioso, 1971, ∞ 4' 30"
Für Orgel und Oboe
Bearbeitung
Manuskript

Opus 80, Trio for Flute, Clarinet and Bassoon, 1955, ∞ 10'
(To my dear colleague Jef Maes very cordially)
Herausgeber: C.F. Peters Edition 1959

Opus 82, Suite, quattuor for 4 trombones, 1955, ∞ 10'
4 Posaunen
(To Edward De Haes and his Trombone Quartet very cordially)
Herausgeber: C.F. Peters Edition 1959

Opus 88, Tien Bagatellen voor piano, Ten Bagatelles for piano, 1958, ∞ 21'
Klavier

(To Martha and Henry Hinrichsen)
Herausgeber: C.F. Peters Edition 1958

Opus 106, Larghetto per pianoforte, violino e violoncello, 1961, ∞ 7'
Bearbeitung vom Mittelsatz des Konzertes für Orgel und Orchester op. 52
Herausgeber: Schott Frères 1963

Opus 114, Twelve Chorale Preludes for piano, 1964, ∞ 39' 30"
Bearbeitungen von Orgel-Choralvorspielen für Klavier
(To my dear friend Frederic Gevers)
Herausgeber: C.F. Peters Edition 1966

Opus 121, 20 Divertimenti pour piano, 1972, ∞ 40'
(To Sylvia Traey)
Conte (∞ 1' 50")
Intimité (∞ 1' 30")
Vieille Histoire (∞ 1' 15")
Sonneries lointaines (∞ 1' 30")
Syncopes joyeuses (∞ 1' 15")
Aria (∞ 2' 40")
Marche Militaire (∞ 2' 15")
Chant phrygien (∞ 2' 15")
Entêté et agaçant! (∞ 1' 50")
Menuet (∞ 2' 50")
Tango (∞ 1' 15")
Prière du soir (∞ 2' 15")
La petite harpiste (∞ 1')
Choral archaïque (∞ 1' 20")
Pastorale (∞ 1' 20")
Valse romantique (∞ 1' 30")
Vieille chanson flamande (∞ 0' 35")
Danse flamande (∞ 1')
Petite mélodie conjointe et inverse sur 5 notes (∞ 1' 35")
Rondo giocoso (∞ 1' 50")
Herausgeber: Henry Lemoine 1974

Opus 122, Concertino for positive organ and harpsichord, 1973, ∞ 15'
(To my friends Kamiel D'Hooghe and Raymond Schroyens)

Allegro, Cantabile, Rondo
Herausgeber: C.F. Peters Edition 1975

Opus 126, Ostinato Re-Si, 1974, ∞ 3'
(Aan M. Th. Buyssens)
Klavier
Manuskript
c/o Cebedem

Opus 138b, Preambulum op Jan de Smedt, 1984
Klavier
Privat-Ausgabe Raf de Smedt
1986
c/o Cebedem

V. Orchestermusik

Opus 3, Zes Alice Nahonliederen
Bearbeitung für Orchester

Opus 12, O Maria die daar staat
Bearbeitung für Orchester

Opus 18, Suite für Orchester, 1929
Bearbeitung der Suite für Klavier
Manuskript

Opus 19, Zomerweelde
Bearbeitung für Orchester
Opus 19, De Herders
Bearbeitung für Orchester

Opus 40, Psalm 99 Jubilate Deo, omnis terrae, 1936
Bearbeitung für vierstimmig gemischten Chor und Orchester
Manuskript

Opus 41, Mère-liederen
Bearbeitung für Orchester
Manuskript

Opus 44, De Morgen in 't bos
Kinderkantate
Bearbeitung für kleines Orchester

Opus 47, Ivoren Toren
Bearbeitung für Orchester

Opus 50, Het Tijdeloze Verbond
Bearbeitung für Orchester

Opus 52, Concerto für Orgel und Orchester, 1944, ∞ 36'
Manuskript
Orchestermaterial
Version für Orgel und Klavier
Concerto for organ and orchestra
Introduzione, Allegro, ∞ 14'
Larghetto ∞ 6' 30"
Cadenza, Allegro vivo, ∞ 15'
Herausgeber: C.F. Peters Corporation 1948

Opus 74, Concerto voor piano en orkest, 1968, ∞ 22'
Klavier und Orchester
Bearbeitung für Klavier und Orchester des Concertos for organ and piano, opus 74
Manuskript
Herausgeber: Cebedem

VI. Blasorchester

Opus 1, Mars De Kempen, 1919, ∞ 6'
für Blaskapelle
(Aan de fanfare De Kempenzonen van Tielen)
Herausgeber: Scherzando 1965

Opus 43, Modale Suite, ∞ 15'
Bearbeitung für Harmoniemusik (Jos Moerenhout)
Herausgeber: Molenaar 1963

Opus 48, Sinfonia per organo, 1940, ∞ 24'
Bearbeitung für Blasorchester: J. Moerenhout

Manuskript
c/o Cebedem

Opus 51, Aria, ∞ 4'
Bearbeitung für Trompete und Blasorchester
Bryan Goff
Herausgeber: C.F. Peters Edition

VII. Herausgeber und Bearbeitungen

Oudnederlandsche Meesters voor het Orgel,
Maîtres anciens néerlandais pour orgue, 1937
deel I,
Herausgeber: Lemoine 1938
deel II,
Herausgeber: Lemoine 1945
deel III,
Herausgeber: Lemoine 1948
Altniederländische Meister für Orgel, 1958
Herausgeber: Schott Söhne 1958

Opera selecta pro organo Joh. Cabanilles (1644–1712) in drie delen, 1948
(in opvolging van Charles Tournemire die de reeks begonnen was)
Herausgeber: Schott Frères 1948

Alte Orgelmusik aus England und Frankreich, 1958
Herausgeber: Schott Söhne 1958

Anthologia per organo
deel I, II,
Herausgeber: Schott Frères 1949
deel III, IV
Herausgeber: Schott Frères 1959

Bewerking (harmonisatie) van het Belgisch volkslied (La Brabançonne),
orgel met pedaal, 1945
Manuskript
c/o Cebedem

Choralvorspiel »Ertödt uns durch dein' Güte«
für Orgel
aus der Kantate BWV 22 »Jesus nahm zu sich die Zwölfe« von J. S. Bach
Herausgeber: Henry Lemoine 1939

Bewerking Oudnederlandsche Liederen, 1930
in: Vlaamsche Lied, 1930

Three Chorale Variations J. P. Sweelinck (edited Flor Peeters)
für Orgel
* Christe qui Lux es et Dies
* Dies sind die heil'gen zehn Gebot
* Nun komm der Heiden Heiland
Herausgeber: C.F. Peters Corporation 1965

J. N. Lemmens – Suite pour orgue
(nouvelle édition revue par Flor Peeters)
* Ita missa est
* Creator alme siderum
* Prière
* Prélude à 5 voix
* Fanfare
Herausgeber: Schott Frères 1980

VIII. Pädagogische Werke

Opus 11, Zehn Pedalstudien, 1925
mit niederländischem, französischem, deutschem und englischem Text
1983 noch durch 2 neue Übungen ergänzt (Flor Peeters Privatarchiv)
Herausgeber: Ledent 1931
Herausgeber: McLaughlin & Reilly 1946

* Practische Methode voor Gregoriaanse Begeleiding, 1939
* Méthode pratique pour l'accompagnement du Chant grégorien,
* Practical Method for the accompaniment of the Gregorian Chant,
Ausgabe: niederländisch – französisch

Herausgeber: Dessain 1943
französisch – englisch
Herausgeber: Dessain 1946

Nova Harmonia, medewerking aan, 1939–1942
Herausgeber: Dessain

Ars Organi, orgelmethode in 3 delen, 1952
I, II, III
vierteilige Edition: niederländisch, französisch, deutsch, englisch
Herausgeber: Schott Frères 1953 und 1954

Little Organ Book for beginners, 1953, ∞ 200'
englischer Text
Herausgeber: McLaughlin & Reilly 1957
* Four Chorale Preludes, from the Little Organ Book
Herausgeber: McLaughlin 1961

Opus 96, Dix Leçons de Solfège, 1959
* in twee sleutels, ∞ 25'
* in zeven sleutels, ∞ 25'
Herausgeber: Schott Frères 1964

IX. Artikel und Vorträge

»L'orgue monumentale de l'Institut Lemmens« oder »Het nieuw monumentaal orgel van het Lemmens Instituut«, in: Musica Sacra (Dezember 1933).

»J. S. Bach, componist en organist«, in: Musica Sacra (Juni 1935).

»Over orgelbouw en orgelliteratuur«, in: Musica Sacra (September 1937).

»Voor onze organisten«, in: Musica Sacra (Dezember 1937).

»Charles Tournemire als orgelcomponist (1870–1939)«, in: Musica Sacra (März 1940); auch in Französisch erschienen. Später erschienen in: De Praestant XIII, Nr. 4 (1964).

»Hoe leer ik mijn orgel kennen«, in: De Schalmei I, Nr. 2 (Mai 1946).

»Hoe leer ik mijn orgel bespelen«, in: De Schalmei I, Nr. 4 (Juli 1946).

»Hoe studeer ik een orgelwerk«, in: De Schalmei I, Nr. 4 (Juli 1946?).

»The Belgian Organ School«, in: Hinrichsen Music Year Book 1949–1950.

»De orgelmuziek in België sedert Lemmens«, in: Musica Sacra (Juni 1950).

Lemmenshulde

»Open brief aan Jos de Klerk voor zijn 75 jaar«, in: Haarlems Dagblad am 7. Januar 1960.

»Das Buxheimer Orgelbuch«, in: De Praestant IX, Nr. 2 (1960).

»Oude Engelse muziek van Tallis tot Welsey«, in: De Praestant IX, Nr. 3 (1960).

»De evolutie van een huisorgel«, in: De Praestant X, Nr. 2 (1961).

»Evolution d'un orgue de Studio«, in: L'Orgue, Nr. 99 (1961).

»De toekomst van het orgelspel in de katholieke eredienst«, in: De Praestant X, Nr. 3 (1961).

»Het orgeloeuvre van Guillaume-Gabriel Nevers«, in: De Praestant XII, Nr. 3 (1963).

»Algemene esthetische begrippen over het orgelspel«, in: De Praestant XII, Nr. 3 (1963).

»In memoriam Charles Tournemire«, in: L'Orgue (1965).

»Het concilie en wij organisten en koorleiders«, in: De Praestant XIV, Nr. 4 (1966).

»Choirmasters and organists –Vatican Council II«, in: Sacred Music 92, Nr. 4 (1966).

»Het Koraalvoorspel van de 15de tot op heden«, Vortrag in der Koninklijke Academie voor Wetenschappen, Letteren en Schone Kunsten 1966.

Peeters, Flor: »Das Konzil – und wir Organisten und Chorleiter«, in: Musica Sacra 86, Nr. 11 (1966), S. 317–320.

Ernest Krenek, Missa duodecim for 3 equal voices and organ, Gregorian Institute of America, Datum unbekannt.

»C. Franck's orgeloeuvre«, in: De Praestant, Nr. 1, 2 und 3 (1971).
»Die Orgelwerke C. Francks«, in: Musica Sacra LXV (1971).
»The Organ Works of C. Franck«, in: The Musical Times 113 (1972).

X. Bücher

* De Orgelkunst in de Nederlanden van de 16de tot de 18de eeuw,
* L'Orgue et sa musique dans les Pays-Bas du 16eme au 18eme siècle,
* Die Niederländische Orgelkunst vom 16. bis zum 18. Jahrhundert,
* The Organ and its music in the Netherlands 1500–1800, mitherausgegeben von Maarten Albert Vente, unter Mitarbeit von Piet Visser, Ghislain Potvlieghe, Guido Peeters, mit 2 Langspielplatten, 1967–1970, Antwerpen 1971.

Flor Peeters als Interpret

Gramophone records (LP)
Renaissance Records, X 39, New York, 1951
Old Netherlands Masters (Orgelmusik von Dufay, Ockeghem, Obrecht, Isaac, Josquin, Willaert, Demonte, Sweelinck, Cornet, Van den Kerckhoven)
Janskerk, Gouda, J. Moreau 1736

Period Records, SPL 578, New York, 1953
Alte englische Meister (Orgelmusik von Byrd, Bull, Philips, Purcell, Croft, Greene, Stanley)
Janskerk Gouda, J. Moreau 1736

Period Records, SPL 586, New York, 1953
Alte italienische Meister (A. Gabrieli, Palestrina, Brignoli, Cavazzoni, Guammi, G. Gabrieli, Frescobaldi, Zipoli, Martini)
Janskerk, Gouda, J. Moreau 1736
auch bei: Contrepoint MC 20.048 – Anthologie de la musique pour orgue, Bd. 2

Europäischer Phonoclub Stuttgart
4 Platten à 25 cm: 1957
Werke von J. S. Bach (BWV 680, 740, 544, 641, 565, 543, 608); D. Buxtehude (Passacaglia, Choralvorspiele, Toccata in F, Präludium und Fuge in fis); J. P. Sweelinck (Choralvorspiele, Toccata, Est-ce Mars); P. Cornet (Salve Regina)
St-Camillus-Institut Antwerpen, Johannes Klais 1956

Lumen, AMS 5, Paris, 1958
Archiv sonores de la Musique Sacrée

Orgelmusik von Van de Kerckhoven (Präludium und Fuge in d), De Monte (Canzona) und Cornet (Fantasie über den VIII. Ton) als Teil von Missa Sinus nomine von De Monte und Gregorianischen Gesängen für Rumoldus; Sint-Rombouts-Chor unter der Leitung von Jules Vyverman
Gesänge in der St.-Rombout-Kathedrale
Orgelaufnahmen in der Sint-Jacobskerk Antwerpen, Stevens 1956

His masters voice CLF 1442, London, 1958
Orgelmusik aus Norddeutschland und den Niederlanden (Orgelmusik von Tunder, Hanff, Buxtehude, Lübeck, Böhm, Anonymus, Obrecht, Isaac, Sweelinck, Scheidt, Van den Kerckhoven)
Grote Kerk Zwolle, Fr. C. Schnitger 1721

His masters voice EMI, 7EP 7090, London, 1958
Bach und Buxtehude, Choral - Präludien (In dulci jubilo; Nun komm der Heiden Heiland)
Grote Kerk Zwolle, Fr. C. Schnitger 1721

His masters voice, EMI 7EP 7092, London, 1958
Pieter Cornet (Salve Regina)
Grote Kerk Zwolle, Fr. C. Schnitger 1721

Little Organ Book, McLaughlin & Reilly, Boston, 1958
2 LP OSS 3237
Tonband
Mechelen, Studio-Orgel Flor Peeters, Stevens 1938

Christophorus Verlag Herder, Freiburg im Breisgau, 1960
CLP 75426
Ch. Tournemire, Suite Evocatrice
F. Peeters, Toccata, fugue et hymne sur »Ave Maris Stella« op. 28
Ein Kind geboren in Bethlehem, Nun sei willkommen aus op. 39
Mechelen, Sint-Romboutskathedraal, Stevens 1958

Christophorus Verlag Herder, Freiburg im Breisgau, 1960
CLP 75427
César Franck, Choral II in h; Flor Peeters, Passacaglia e Fuga, op. 42
Mechelen, Sint-Romboutskathedraal, Stevens 1958

Archiv Produktion, Brussel, 1967
(Musique Royale)
LP 199.201
Orgelmuziek van Isaac, De Macque, Philips, Bull, Sweelinck, Cornet, Van den Kerckhoven, Fiocco, Van den Gheyn
Oude orgels te Leiden, Marekerk (1627–1733); Medemblik, Bonifaciuskerk (1671–1785); Haringe, Sint-Maartenskerk (1778)

Archiv Produktion, Brussel, 1967
(Musique Royale)
LP 199.202
Orgelmuziek van Willaert, Philips, Bull, Sweelinck, Cornet, Van den Kerckhoven
Oude orgels te Leiden, Marekerk (1629–1733); Oosthuizen, Grote Kerk (1530); Medemblik, Bonifaciuskerk (1671–1785)

Ryemuse Records ALR 1212 Mono, SALR 1212 Stereo
The Organ at the Metropolitan Cathedral of Christ the King, Liverpool
Charles Tournemire, Domenica infra Octavam Ascensionis
(l'Orgue Mystique)
Live-Aufnahme
Auf der Schallplatte sind auch Werke von Widor, Messiaen, Bach und Berveiller, gespielt von Jeanne Demessieux und Werke von William Mathias, gespielt von Noel Rawsthorne

Decca, Ace of Diamonds, SDD 236
The Organ of the Metropolitan Cathedral of Christ the King, Liverpool, 1970
Recording of inauguration recitals of the organ (parts of)
Flor Peeters, Organist
Charles Tournemire, Domenica infra Octavam Ascensionis
(L'Orgue Mystique)

Cathedral Records, Eton, 1970
Vol 1 CRMS 852
Flor Peeters plays Peeters at Mechelen Cathedral
Lied-Symphony op. 66; Variations and Finale op. 20; Auswahl aus »Six Lyrical Pieces« op. 116
Mechelen, Sint-Romboutskathedraal, Stevens 1958

Cathedral Records, Eton, 1970
Vol 2 CRMS 853
Flor Peeters plays Peeters at the Mechelen Cathedral
Drei Praeludien und Fugen op. 72; Partita »Heer Jezus heeft een hofken« op. 39; Aria op. 51a; drei Choralpräludien aus op. 68; Elegie op. 38
Mechelen, Sint-Romboutskathedraal, Stevens 1958

Christophorus Verlag Herder, Freiburg im Breisgau, 1970
Orgelwerke der Romantik und Neuzeit
SCGLX 75 728
C. Franck (Choral Nr. II); Flor Peeters (Toccata, fugue et hymne sur »Ave Maris Stella« op. 28; Passacagalia e fuga op. 42); Ch. Tournemire (Suite Evocatrice)
Nieuwe persing van 1960
Mechelen, Sint-Romboutskathedraal, Stevens 1958

EMI Belgium, Brussel, 1972
4 C153-93376/77
Neuauflage der zwei Schallplatten von Cathedral Records

EMI Belgium, Brussel, 1976
4 C069 23596
Flor Peeters at the organ of Mechelen, Belgium
Sinfonia per organo op. 48; Auswahl aus »Zehn Orgelchoräle« op. 39; Vlaamse Rhapsodie op. 37; Auswahl aus »Hymn Preludes for the Liturgical Year« op. 100; Auswahl aus »Chorale Preludes on Gregorian Hymns« op. 75; Auswahl aus »Chorale Preludes on well known hymn tunes« op. 68
Mechelen, Sint-Romboutskathedraal, Stevens 1958

Eufoda (Davidsfonds)
1078/1079
1 LP Flor Peeters: »Hymn Preludes of the Liturgical Year«
BRT-produktie met Hesford, D'Hooghe, Dubois, Van Ingelgem, Toebosch en De Klerk
1 LP als Neuauflage von CRMS 853

Tonbandmaterial (Privat-Archiv Guido Peeters)

Live-Aufnahmen

J. S. Bach, Präludium und Fuge h-Moll, BWV 544, ∞ 13' 30"
Mechelen, Kathedrale, Festival Vlaanderen, 1982

C. Franck, Grande Pièce Symphonique, ∞ 23' 19"
Mechelen, Kathedrale, Festival Vlaanderen, 1982

Ch. Tournemire, Domenica infra octavam Ascensionis (L'Orgue Mystique), ∞ 14' 55"
Mechelen, Kathedrale, Festival Vlaanderen, 1982

F. Peeters, Ricercare op. 134, ∞ 8' 06" (Erstaufführung)
Mechelen, Kathedrale, Festival Vlaanderen, 1982

C. Franck, Choral Nr. II h-Moll, ∞ 12' 55"
Mechelen, Kathedrale, Festival Vlaanderen, 1977

J. S. Bach, Passacaglia und Fuge c-Moll BWV 582, ∞ 14' 08"
Mechelen, Kathedrale, Festival Vlaanderen, 1977

D. Buxtehude, Passacaglia in d, ∞ 6' 24"
Mechelen, Kathedrale, Festival Vlaanderen, 1977

F. Peeters, Passacaglia e fuga op. 42, ∞ 10' 15"
Mechelen, Kathedrale, Festival Vlaanderen, 1977

M. Dupré, Symphonie-Passion op. 23, ∞ 30' 45"
Mechelen, Kathedrale, Festival Vlaanderen, 1972
* Le monde dans le attente du Seigneur (∞ 8' 10")
* Nativité (∞ 8' 15")
* Crucifixion (∞ 7' 22")
* Résurrection (∞ 7')

F. Peeters, Speculum vitae op. 36, ∞ 14' 35"
Mechelen, Kathedrale, Aufnahme BRT, 1977
Orgel: Flor Peeters; Tenor: James Griffett
englische und deutsche Version
* Night (∞ 4' 30")
* Morning (∞ 3' 10")
* Midday (∞ 3' 25")
* Evening (∞ 3' 30")

C. Franck, Choral Nr. I in E-Dur, ∞ 14' 16"
Mechelen, Kathedrale, Festival Vlaanderen, 1972

C. Franck, Cantabile (aus »Trois Pièces«), ∞ 5' 25"
Mechelen, Kathedrale, Festival Vlaanderen, 1972

C. Franck, Pastorale (aus »Six Pièces«), ∞ 8' 32"
Mechelen, Kathedrale, Festival Vlaanderen

J. S. Bach, Sechs Schübler-Choräle BWV 645–650, ∞ 17'
Mechelen, Kathedrale, Aufnahme BRT, 1963
* Wachet auf, ruft uns die Stimme (∞ 4' 09")
* Wo soll ich fliehen hin (∞ 1' 53")
* Wer nun den lieben Gott lässt walten (∞ 2' 54")
* Meine Seele erhebet den Herrn (∞ 1' 46")
* Ach bleib bei uns (∞ 2' 39")
* Kommst Du nun, Jesu vom Himmel herunter (∞ 3' 15")

J. S. Bach, Präludium und Fuge a-Moll BWV 543, ∞ 9' 35"
Mechelen, Kathedrale, Aufnahme BRT, 1963

J. S. Bach, Choralvorspiel »Wir glauben all an einem Gott« BWV 680, ∞ 3' 35"
Mechelen, Kathedrale, Aufnahme BRT, 1963

J. S. Bach, Choralvorspiel »Wir glauben all an einem Gott« BWV 740, ∞ 5' 20"
Mechelen, Kathedrale, Aufnahme BRT, 1963

J. S. Bach, Fantasia und Fuge g-Moll BWV 542, ∞ 10' 53"
Mechelen, Kathedrale, Aufnahme BRT, 1963

F. Peeters, Zehn Orgelchoräle op. 39, ∞ 32'
Mechelen, Studio Flor Peeters, BRT Antwerpen, 1953
* Een kind geboren in Betlehem (∞ 3' 50")
* Herders hij is geboren (∞ 1' 40")
* Nu syt willecome (∞ 3' 30")
* Ons is een Kint geboren (∞ 3' 10")
* Maria die soude naar Betlehem (∞ 2' 20")
* Mit desen nieuwen Jare (∞ 2' 10")
* O Jesu soet (∞ 3' 20")
* Ick wil mi gaen vertroosten (∞ 2' 25")
* Van liefde comt groot liden (∞ 3' 10")
* Heer Jesus heeft een hofken (∞ 6' 20")

F. Peeters, Elegie op. 38, ∞ 5' 38"
Mechelen, Kathedrale, Festival Vlaanderen, 1972

F. Peeters, Sinfonia per organo op. 48, ∞ 19' 16"
Mechelen, Kathedrale, Festival Vlaanderen, 1972
* Allegro energico (∞ 7')

* Adagio (∞ 4' 06")
* Fantasia (∞ 4' 32")
* Fuga (∞ 4' 38")

J. S. Bach, Fantasie in G-Dur BWV 570, ∞ 9'
Mechelen, Kathedrale, Festival Vlaanderen, 1976
* Très vitement
* Grave
* Lentement

J. S. Bach, Fuga in g-Moll BWV 576, ∞ 4' 12"
Mechelen, Kathedrale, Festival Vlaanderen, 1976

J. S. Bach, Toccata, Adagio und Fuge in C-Dur BWV 564, ∞ 14' 16"
Mechelen, Kathedrale, Hanswijck, BRT, 1963

J. S. Bach, Sechs Schübler-Choräle BWV 645–650
Mechelen, Kathedrale, Hanswijck, BRT, 1963
* Wachet auf, ruft uns die Stimme (∞ 4' 09")
* Wo soll ich fliehen hin (∞ 1' 53")
* Wer nun den lieben Gott lässt walten (∞ 2' 54")
* Meine Seele erhebet den Herrn (∞ 1' 46")
* Ach bleib bei uns (∞ 2' 39")
* Kommst du nun, Jesu vom Himmel herunter (∞ 3' 15")

J. S. Bach, Präludium und Fuge a-Moll BWV 543, ∞ 9' 35"
Mechelen, Kathedrale, Hanswijck, BRT, 1963

J. S. Bach, »Wir glauben all« BWV 680, ∞ 3' 35"
Mechelen, Kathedrale, Hanswijck, BRT, 1963

M. Reger, Choralphantasie über »Straf' mich nicht in deinen Zorn« op. 40, ∞ 17' 28"
Mechelen, Kathedrale, Festival Vlaanderen, 1976

M. Reger, Choralvorspiel »O Gott, du frommer Gott«, ∞ 2' 15"
Mechelen, Kathedrale, Festival Vlaanderen, 1976

M. Reger, Introduktion und Passacaglia d-Moll, ∞ 8' 15"
Mechelen, Kathedrale, Festival Vlaanderen, 1976

Altniederländische Meister und Bach
Alkmaar, Laurenskerk, Fr. C. Schnittger, NOS, 1969
P. Cornet, Fantasie III Ton, ∞ 11' 25"
P. Cornet, Versetten über »Salve Regina«, ∞ 11'
Kerckhoven, Preludium und Fuge d, ∞ 5' 15"
Van den Gheyn, Preludium und Fuga in g, ∞ 3' 58"
J. S. Bach, Präludium und Fuge h-Moll BWV 544, ∞ 12' 38"
J. S. Bach, Choralvorspiel »Allein Gott in der Höhe sei Ehr« BWV 662, ∞ 6' 28"
J. S. Bach, Präludium und Fuge a-Moll BWV 543, ∞ 9' 58"

Jubiläumskonzert für Flor Peeters zum 70. Geburtstag:

Mechelen, 1973, Sint-Romboutskathedraal, Mechelen, Festival Vlaanderen, 1973
An der Orgel: Flor Peeters
Chor, Leitung: Maurits Duyck; Blechbläserensemble Theo Mertens

F. Peeters, Psalm Jubilate Deo op. 40, ∞ 5' 37", Chor, Orgel, Bläser, Pauken
F. Peeters, Psalm »In convertendo Domine« op. 111, ∞ 6' 44", Chor a capella
F. Peeters, Magnificat op. 108, ∞ 7' 28", Chor, Orgel, Bläser, Pauken
F. Peeters, Prelude, Canzona e Ciacona op. 83, ∞ 13' 04", Orgel solo

F. Peeters, Zes Zuidafrikaanse Liederen op. 65, ∞ 10' 42"
Chor a cappella
* Die bloeisels van Jesus (∞ 2' 05")
* Aan die Kruis (∞ 2' 20")
* Dis all (∞ 1' 13")
* Om te sing (∞ 1' 15")
* Verre reis (∞ 1' 36")
* Drinklied (∞ 0' 38")

F. Peeters, Variations on an original theme op. 58, ∞ 9' 23", Orgel solo

F. Peeters, Onze Vader op.102, Wees gegroet op. 104, ∞ 2' 57", Chor a cappella

F. Peeters, Te Deum op. 57, ∞ 7' 28", Chor, Orgel, Bläser, Pauken

Liverpool Public Recital, St George's Hall, 22. April 1963, BBC-3
J. S. Bach, drei Schübler-Choräle
* Wachet auf, ruft uns die Stimme (∞ 4' 11")
* Wo soll ich fliehen hin (∞ 2' 06")
* Meine Seele erhebet den Herrn (∞ 1' 59")

J. S. Bach, Präludium und Fuge Es-Dur BWV 552, ∞ 16'05"
* Präludium (∞ 9' 19")
* Fuge (∞ 6' 46")

Liverpool, Public Recital, Christ the King Cathedral, 20. April 1967
D. Buxtehude, Toccata in F, ∞ 4' 49"
J. S. Bach, sechs Schübler-Choräle BWV 645-650
* Wachet auf, ruft uns die Stimme (∞ 4' 13")
* Wo soll ich fliehen hin (∞ 1' 46")
* Wer nur den lieben Gott lässt walten (∞ 3')
* Meine Seele erhebet den Herrn (∞ 1' 54")
* Ach bleib bei mir (∞ 2' 40")
* Kommst Du nun, Jesu vom Himmel herunter (∞ 3' 22")

J. S. Bach, Präludium und Fuge in a-Moll BWV 543, ∞ 10' 05"
* Präludium (∞ 3' 24")
* Fuge (∞ 6' 41")

Ch. Tournemire, Domenica infra Octavam Ascensionis (L'Orgue Mystique), ∞ 15' 15"
* Introitus (∞ 1' 17")
* Offertoire (∞ 4' 13")
* Elevation (∞ 1' 12")
* Communion (∞ 2' 33")
* Alleluia (∞ 5' 54")

F. Peeters, Variationen und Finale über ein altflämisches Lied »Laet ons mit herten reyne« op. 20, ∞ 14' 38"
* Thema (∞ 0' 52")
* C.f. im Tenor (∞ 1' 22")
* Canon (∞ 1' 15")

* Scherzando (∞ 0' 37")
* Lento (∞ 2' 06")
* Allegro vivo (∞ 1' 02")
* colorierter Sopran (∞ 2' 13")
* Fugato (∞ 2' 34")
* Finale (∞ 1' 58")

Geschichte des Choralvorspiels, Vortrag vor der Königlichen Akademie der Wissenschaften, Literatur und Schönen Künste in Brüssel aus Anlass der Aufnahme von Flor Peeters in die Akademie. Aufnahme der Musikbeispiele in der Kathedrale Mechelen:

J. Titelouze, »Pange Lingua« (∞ 2' 41")

Fr. Couperin, »Domine Deus« (∞ 2' 23")

J. S. Bach, »Durch Adams Fall« BWV 637 (∞ 2' 07")

J. S. Bach, »In dulci jubilo« BWV 608 (∞ 1' 26")

J. S. Bach, »Wenn wir in höchsten Nöten« BWV 641 (∞ 2' 00")

J. S. Bach, »Wir glauben all« BWV 740 (∞ 5' 26")

J. Brahms, »Es ist ein Ros' entsprungen« (∞ 2' 09")

M. Reger »O Lamm Gottes« (∞ 2' 13")

J. N. David, »O Haupt voll Blut und Wunden« (∞ 2' 16")

Ch. Tournemire, aus »L'Orgue Mystique« (2' 14")

F. Peeters, »Pange Lingua«, aus op. 75 (∞ 3' 05")

F. Peeters, »Wie schön leuchtet der Morgenstern«, aus op. 68 (∞ 2' 52")

F. Peeters, »Mit desen Nieuwen Jare«, aus op. 39 (∞ 1' 53")

F. Peeters, »Heer Jesus heeft een hofken«, aus op. 39 (∞ 6' 35")

BBC-Interview mit John Lade:

Text mit vielen Musikbeispielen von der LP, 1972
Aria op. 51a, ∞ 3' 24"
Praeludium et fuga in F-Lydisch, aus op. 72, ∞ 5' 58"
Choralvorspiel »Wachet auf«, aus op. 68, ∞ 5' 25"
Ch. Tournemire, Suite Evocatrice, ∞ 12' 15"
Toccata, fugue et hymne sur »Ave Maris Stella« op. 28, ∞ 7' 38"
Praeludium et fuga in A-Mixolydisch, aus op. 72, ∞ 6' 55"

Masteraufnahmen für Gramophonplatten

Cathedral Records, 1971
Mechelen, Kathedrale; 2 LP
Neuauflage von EMI
Davidsfonds, 1983
F. Peeters, »Heer Jezus heeft een hofken« aus op. 39, ∞ 6' 30"
F. Peeters, Praeludium et fuga in f dorisch aus op. 72, ∞ 5' 41"
F. Peeters, Choralvorspiel »Wachet auf ruft uns die Stimme« aus op. 68, ∞ 5' 25"
F. Peeters, Praeludium et fuga in F-Lydisch aus op. 72, ∞ 5' 55"
F. Peeters, Elegie op. 38, ∞ 5' 42"
F. Peeters, Aria op. 51a, ∞ 3' 25"
F. Peeters, Praeludium et fuga in A-Mixolydisch aus op. 72, ∞ 6' 57"
F. Peeters, »Duo for Flutes and cromorne« aus op. 116, ∞ 2' 45"
F. Peeters, Choralvorspiel »O Gott, du frommer Gott« aus op. 68, ∞ 2' 07"
F. Peeters, Lied-Symphony op.66, ∞ 26' 45"
* Lied to the Ocean (∞ 6' 53")
* Lied to the Desert (∞ 5' 10")
* Lied to the Flowers (∞ 5' 28")
* Lied to the Mountains (∞ 4' 06")
* Lied to the Sun (∞ 5' 11")
F. Peeters, Variationen und Finale über ein Altflämisches Lied »Laet ons mit herten reyne« op. 20, ∞ 13' 30"
Thema (∞ 0' 48")
Variation Andante c.f.im Tenor (∞ 1' 20")
Variation Allegretto canon (∞ 1' 13")

Variation Vivo scherzando (∞ 0' 39")
Variation Lento (∞ 1' 45")
Variation Allegro vivo (∞ 1' 04")
Variation Adagio (∞ 2' 11")
Variation Allegro con spirito (∞ 2' 32")
Variation Toccata Finale (∞ 1' 58")

Diskografie

Flor Peeters, Orgelwerke, Jozef Sluys, Orgel der St. Salvator-Kathedrale Brügge (Organa Belgica), Prezioso – CD 820.204, 1990.

Flor Peeters, Orgelwerke, Konzert für Orgel und Orchester op. 52 (Kathedrale Mechelen, Altenberger Dom), Motette 40161.

Flor Peeters (1903–1986), Chor- und Orgelmusik aus dem Altenberger Dom, Mitra Digital CD 16236.

Flor Peeters, Organ music, Hyperion CD A67825.

Flor Peeters, Peter Pieters, Flemish Radio Choir, Flemish Radio Orchestra – Missa Festiva – The Flemish Connection III – Concerto for Organ, Klara records MMP 041, 2003.

Flor Peeters, Selected Organ Works, Peter Van de Velde, Orgel der Kathedrale Antwerpen, Aeolus AE-10711, 2011.

Flor Peeters, Organ Music, Roberto Marini, Klais-organ of the Kristus-Koningkerk Antwerpen, Brilliant Classics, 2019.

Flor Peeters, Werke für Orgel, Klavier, Chor, Gesang, Kammermusik; erste Gesamtdarstellung der wichtigsten Werke von Flor Peeters (10 CDs geplant), Motette, 2020–2028.

Literaturnachweis

Adorno, Theodor W.: Anbruch XI, Wien 1929.

Bate, Jennifer: »Flor Peeters at 70«, in: The Musical Times 114, Nr. 1560 (1. Februar 1973), S. 185–186.

Baumgartner, Alfred: Propyläen Welt der Musik – Die Komponisten – Ein Lexikon in fünf Bänden, Band 4, Berlin 1989, S. 281.

Florquin, Joos: »Flor Peeters, Stuivenbergvaart 27, Mechelen«, in: Ten huize van … (1962), Leuven 1971, S. 351–370.

Grohmann, Christoph: »Die Kirchenkompositionen von Flor Peeters. Ein Werkverzeichnis der Orgel- und geistlichen Chorwerke mit Einführung«, in: Musica Sacra 104, Nr. 1 (1984), S. 25–30.

Grohmann, Christoph: »In Memoriam; Flor Peeters – ein Leben für die ›musica sacra‹«, in: Musica Sacra 106, Nr. 4 (1986), S. 291–292.

Grohmann, Christoph: »Kleine Werkschau: Orgelkompositionen zum Hymnus Veni, Creator Spiritus [5]«, in: Musica Sacra 118, Nr. 1 (1998), S. 33–34.

Hesford, Bryan: »Flor Peeters – zu seinem 75. Geburtstag«, in: Musica Sacra 99, Nr. 2 (1979), S. 102–103.

Hofmann, John: Flor Peeters – his life and his organ works, New York 1978.

Lade, John: »The organ music of Flor Peeters«, in: The Musical Times 109, Nr. 1505 (Juli 1968), S. 667–669.

Lemacher, Heinrich: »Flor Peeters«, in: Musica Sacra 77, Nr. 5 (1957), S. 150–152.

Marx, Bernhard: »Orgelschulen des 20. Jahrhunderts«, in: Musica Sacra 97, Nr. 1 (1977), S. 22–35.

Mohrs, Rainer: »Eine belgisch-deutsche Freundschaft, Flor Peeters und Hermann Schroeder«, in: Musica Sacra 123, Nr. 2 (2003), S. 165–175.

Peeters, Flor: »Der Reichtum der gregorianischen Themen«, in: Musik und Altar 6 (1953), S. 126.

Peeters, Flor: »Charles Tournemire als Orgelkomponist«, in: De Praestant 13 (1964).

Peeters, Flor: »Das Konzil – und wir Organisten und Chorleiter«, in: Musica Sacra 86, Nr. 11 (1966), S. 317–320.

Peeters, Flor: »Die Orgelwerke César Francks«, in: Musica Sacra 65, Nr. 3 (1971), S. 88–96.

Peeters, Guido; Schroyens, Raymond: Allegro energico, Antwerpen 1991.

Ramsey, Basil: »Organ music – Flor Peeters«, in: The Musical Times 108, Nr. 1489 (März 1967), S. 260.

Ratzinger, Josef: Der Geist der Liturgie, 6. Auflage, Freiburg im Breisgau 2002.

Schroeder, Hermann: »Zur katholischen Kirchenmusik der Gegenwart«, in: Die Stimme der Komponisten (Kontrapunkte, Schriften zur Musik der Gegenwart), hg. von H. Lindlar, Band 2, Rodenkirchen 1958, S. 104–108.

Verdin, Joris: »Flor Peeters«, in: Handbuch Orgelmusik (Komponisten – Werke – Interpretation), Kassel 2010, S. 256–258.

Verriest, Bert: Die St.-Rombaut-Kathedrale Mechelen, Regensburg 2007.

Internetquellen

Bovens, Peter: »Peeters Flor (1903–1986)«, in: Matrix – Centrum voor nieuwe muziek, Leuven, https://www.matrix-new-music.be/nl/publicaties/componistenfiches/peeters-flor/, 17.4.2020.

Website Flor Peeters, www.florpeeters.be, 17.4.2020.

Abbildungsverzeichnis

Über den Autor

Clemens Morgenthaler wurde in Wertheim/Main geboren und wuchs in Tauberbischofsheim auf. An der Musikhochschule Freiburg studierte er Kirchenmusik (Orgel bei Prof. Klemens Schnorr) und Gesang. Sein anschließendes Konzertfachstudium an der Musikhochschule Basel beendete er mit Auszeichnung. Prägende Lehrer waren Kurt Widmer und Beata Heuer-Christen. Er ist Gewinner, Preisträger und Stipendiat diverser Wettbewerbe. Konzerte in ganz Europa, Opernengagements, Uraufführungen, CD- und Rundfunkaufnahmen mit einem Repertoire vom Frühbarock bis zur Moderne dokumentieren seine künstlerische Tätigkeit. Er ist Professor für Gesang an der Musikuniversität Feldkirch (Österreich) und lehrt Gesang an der Musikhochschule Trossingen. Daneben ist er Dozent bei Meisterkursen und Juror bei Wettbewerben.

Dank

Dank sagen möchte ich Herrn Sebastian Burkart vom Schott-Verlag und der Lektorin Frau Karina Kowatsch für die wohlwollende und konstruktive Zusammenarbeit. Ein weiterer Dank gilt meiner lieben Frau Elisabeth für ihre Liebe und Unterstützung. Schließlich möchte ich meinen lieben Eltern danken, die mich mit der Schönheit des christlichen Glaubens und der Musik bekannt gemacht haben und mir ermöglichten, Christ und Musiker werden zu können.

Soli Deo gloria